Anna Franklin
Paul Mason

Das Orakel der Hexengeister

Aus dem Amerikanischen
von Eluan Ghazal

Titel der amerikanischen Originalausgabe
GUIDE TO THE FAIRY RING
bei Llewellyn Publications, St. Paul, MN, USA

Allegria ist ein Verlag der Ullstein Buchverlage GmbH, Berlin
Herausgeber: Michael Görden

ISBN-13: 978-3-7934-2075-0
ISBN-10: 3-7934-2075-2

Übersetzung: Eluan Ghazal
Umschlaggestaltung: FranklDesign, München
Titelabbildung: Paul Mason
Gesetzt aus der Garamond
Satz: te•ha, thea@mails.at
Druck und Bindearbeiten: Spielkartenfabrik Altenburg
Printed in Germany

Inhalt

Die Sommerkarten

Die Herbstkarten

Die Winterkarten

Die Karten der Feenfeste

Einführung

In den Orakel-Karten finden Sie schöne und hässliche, gute und böse Feen und Elfen; es gibt hilfreiche Wesen, aber auch schelmische Wichte, die Sie übertölpeln und in die Irre führen wollen. Wir haben sie alle in diesem Karten-Deck versammelt, sodass jedes einzelne Feenwesen auf seine jeweils spezifische Weise für Sie arbeiten kann.

Für Feen und Elfen interessieren sich die Menschen seit eh und je. Heutzutage sehen die meisten in ihnen nur noch drollige Phantasiegestalten. Dagegen war der Glaube an diese Wesen vor nur wenigen hundert Jahren in allen Gesellschaftsschichten vollkommen selbstverständlich. Bei den besser gebildeten Leuten in den Städten ging er nach und nach verloren, aber auf dem Land bemühte man sich noch bis weit ins zwanzigste Jahrhundert hinein, Feen und Elfen nicht zu vergrämen. Es gab eine ganze Menge von Fehlhandlungen, mit denen man den Zorn der *Little People*, der „kleinen Leute“, heraufbeschwören konnte und die man unbedingt vermeiden musste: Man durfte auf einem Feenweg kein Haus bauen, in einen Feenhügel nicht hineingraben, und man sollte möglichst nicht vergessen, Sahne vor die Tür zu stellen oder Milch auf einen Feenstein zu gießen. Sonst konnte es geschehen, dass die Ernte verdarb oder dass die Kühe krank wurden und die Milch im Euter vertrocknete. Unglücksfälle konnten über die betreffende Familie hereinbrechen; bisweilen wurden Kleinkinder geraubt und durch einen unansehnlichen Wechselbalg ersetzt, oder der Hausvater wurde von einem *elf stroke*, einem „Elfenschlaganfall" gelähmt.

Wenn Feenwesen jedoch mit Respekt behandelt werden und das bekommen, was ihnen zusteht, so helfen sie den Menschen, beschützen sie und lassen ihnen wertvolle Geschenke zukommen. Den Barden lehren sie, Musik so zu spielen, dass er sein Publikum zu Tränen rührt oder zu fröhlichem Tanz begeistert. Normalen Sterblichen verleihen sie Heilkräfte.

In der Zeit der Hexenverfolgung betonten viele Hexen, dass ihre Fähigkeiten von den Feen stammten und nicht vom Teufel, wie ihre Richter behaupteten. In Nordengland wurde ein Mann der Hexerei bezichtigt. Man warf ihm vor, dass er einen Handel mit dem Teufel abgeschlossen habe, um ein weißes Heilpulver zu erhalten. Aber er entgegnete mit Nachdruck, dass er das Heilmittel von den Feen bekommen habe.

In Irland glaubte man, dass junge Mädchen, die von Elfen als Bräute begehrt und geraubt worden waren, später wieder in die Menschenwelt zurückgeschickt wurden; dann waren sie alt und hässlich, besaßen jedoch ein Wissen über Kräuter, Tränke und geheime Beschwörungen, das ihnen Macht über Männer verlieh.

Feen und Hexen waren einander in Freundschaft zugetan; und wenn Frauen, wie sie es häufig taten, solche Hügel besuchten und dabei ertappt wurden, genügte das, um sie als Hexen anzuklagen. Außerdem kultivierten Hexen Feenpflanzen wie Fingerhut, Holunder, Schlüsselblumen, Thymian und Glockenblumen im eigenen Garten oder sammelten sie in der Natur, um ihre Freunde und Freundinnen aus dem Feenreich anzulocken.

Es gab Zeiten, in denen sogar das Vorhandensein solcher Pflanzen in einem Garten genügte, um der Hexerei bezichtigt zu werden. Moderne Hexen, die auf traditionelle Weise arbeiten, leiten noch immer den größten Teil ihres Wissens aus Begegnungen mit den wilden Naturgeistern ab.

Feen und Elfen sind nicht gerne untätig. Sie sind mit Eifer bei der Arbeit. Zum Beispiel helfen sie ihren Günstlingen aus der Menschenwelt in Haus und Hof: Sie spinnen, weben, backen und rühren die Milch zu Butter. Sie helfen auch bei Bauarbeiten und machen sich als Gold- oder Silberschmiede nützlich. All diese

Tätigkeiten gehen nachts vonstatten, wenn die Menschen schlafen, aber nur, wenn Haus und Herd am Abend in ordentlichem und sauberem Zustand zurückgelassen wurden. Denn Feenwesen können Schmutz und Unordnung nicht ausstehen. Wenn man kein Schälchen mit Milch für sie aufstellt – denn das ist die Belohnung, die sie fordern –, sind diese hilfsbereiten Hausgeister tödlich beleidigt: Sie zertrümmern Steingut und Töpferware, zerstören das Spinngut und verstecken wertvolle Gegenstände. Feenwesen lieben den Luxus und verachten Menschen, die jeden Pfennig umdrehen, besonders, wenn diese den letzten Rest Butter aus dem Fass löffeln oder alle Früchte in den Bäumen pflücken und nichts für die Feen und Elfen übriglassen. Sie bestrafen Küchenmädchen, die den Herd nicht scheuern oder kein sauberes Wasser zum Waschen der Feenkinder nach draußen stellen, mit Bauchschmerzen, Krämpfen und Lähmungen. Gewissenhafte Mägde aber werden reich belohnt: Sie finden Geld in ihren Schuhen und sind vom Glück gesegnet.

In der Vergangenheit galt es als unheilvoll, Feen mit ihrem Namen anzusprechen oder auch nur das Wort „Fee“ oder „Elf“ im Mund zu führen – vielleicht deshalb, weil man sie damit herbeizitieren konnte. Vielleicht glaubte man auch, dass die Feenwesen die Nennung eines Namens ohne das Einverständnis seines

Trägers als Herausforderung oder Bedrohung verstehen könnten. Wenn man klug war, so nannte man sie *Good People* oder *Hidden People* („Verborgene Leute“).

Das englische Wort *fairy* oder *faerie* ist von dem französischen Wort *fée* abgeleitet, das wiederum von dem lateinischen Ausdruck *fatare* für „verzaubern“ stammt. In England sorgte Geoffrey Chaucer dafür, dass die Wörter *fairy* und *elf* in gleicher Bedeutung verwendet wurden, obwohl das letztere Wort von dem skandinavischen Wort *alfar* abgeleitet ist, das wahrscheinlich „hell“, „strahlend“ bedeutet.

Im viktorianischen Zeitalter hielt man Feenwesen durchwegs für zarte Miniaturgeschöpfe mit Schmetterlingsflügeln, während sie in älteren Sagen oft auch die Größe von Menschen oder sogar Riesen haben. In der mittelalterlichen Überlieferung teilte man die Feen in Adel und gemeines Volk ein: Ersterer trat als höfisches Gefolge in Erscheinung; wer dagegen zum einfachen Feenvolk gehörte, machte sich nur einzeln bemerkbar. Alle aber waren sie schwer fassbar, und das einzige Zeichen ihrer Existenz konnte man an umgebogenen Pflanzen oder im Rauschen von Blättern oder in den Eisblumen erkennen, die Jack Frost an die Fensterscheiben malte. Sie waren die Hüter von Flüssen, Bäumen, Wäldern, Teichen, manchmal auch von Häusern und bestimmten Familien. Die Aristokraten unter ihnen nannte man in England *Heroic* oder *Trooping Fairies* („heldenhafte" oder „kriegerische Feen"), und sie waren verwandt mit den schottischen *Seelie Courts* und den irischen *Daoine Sidhe* (ausgesprochen als *dhina schi*). Letztere galten als verkleinerte Überbleibsel der *Tuatha dé Danaan* („Menschen der Göttin Dana"), die von den keltischen Einwanderern in den Hintergrund getrieben wurden.

Oft heißt es, dass Feenwesen unter uralten Grabhügeln wohnen, die in der Tradition als *hollow hills* („hohle Hügel") bezeichnet werden; dort halten sie ihre Gelage und Tanzfeste ab. Manchmal glitzern diese Erhebungen des Nachts, als seien sie erleuchtet, und wenn man das Ohr an die Erde legt, so hört man ihr munteres Feiern. Wenn Sie auf dem Hügel schlafen, dringt die Feenmusik in Ihre Seele ein, und Sie werden eine nachhaltige Transformation erleben. Feen werden auch mit Schanzen und Befestigungen in Verbindung gebracht; als die „alte Rasse" auszog, so heißt es, seien die Feen dafür eingezogen. An solchen Stellen sollte man keinen Baum fällen und auch kein Gebäude errichten. Wenn jemand so unbedacht ist, eines dieser beiden Sakrilegien zu verüben, so versengen die Feen ihm die Augen oder lassen seinen Mund schief werden.

Das Orakel enthält Karten, die jeweils verschiedene Feenkräfte anrufen, damit Sie einen Blick auf Ihr zukünftiges Schicksal erhaschen und sich darauf einstellen können. Alle Feenwesen können in die Zukunft blicken und sind imstande, denen, die sie lieben, die Gabe der Prophezeiung zu verleihen – wie etwa der Feenjunge von Leith, der in verblüffender Weise hellsichtig war und seine Freunde aus dem Feenreich jeden Donnerstag in Calton Hill in der Nähe von Edinburgh besuchte. Der Eingang zum Feenhügel war nur für Menschen mit entsprechender Begabung sichtbar; aber wenn der Junge einmal drinnen war, konnte er an den Festgelagen teilnehmen und den Feentanz mit der Trommel begleiten. Manchmal flogen sie alle einen Abend lang nach Frankreich oder Holland. Einmal versuchten ein paar Leute, den Jungen am Donnerstagabend in ein Gespräch zu verwickeln, um ihn von seinem Ausflug in die Feenwelt abzuhalten; aber trotz all ihrer Bemühungen entschlüpfte er ihnen und ging zu seiner Verabredung mit dem „Völkchen der Hügel".

Der Ruf der Feenberge ertönt, und das Tor zur Jenseitswelt steht offen. Ihre Bewohner sind bereit, Sie an der Hand zu nehmen und in den *Fairy Ring* zu geleiten …

Wie Sie die Karten verwenden

Die Karten

Die Karten im des Orakels sind in vier „Farben" oder Sequenzen eingeteilt: Frühling, Sommer, Herbst und Winter. Die meisten Elfen und Feen fühlen sich an Jahreszeiten gebunden, und so haben wir sie jeweils in die Jahreszeit aufgenommen, in der sie am ehesten in Erscheinung treten. Die dreizehn Karten jeder einzelnen Sequenz sind von Eins bis Neun durchnummeriert, dazu kommen noch jeweils vier Hofkarten: Dame, Page, Königin und König. Jedes Feenwesen hat seine eigene Karte, insgesamt geben sich also 52 dieser ätherischen Geschöpfe ein Stelldichein.

Dazu kommen noch acht Fest-Karten, die die wichtigsten Feen-Feste – Imbolc, Ostara, Beltane, Sommersonnenwende, Lughnasa, Herfest, Samhain und Jul – repräsentieren.

Mit den Karten weissagen

Die Karten werden von der Person gemischt, für die die Sitzung abgehalten wird. Das können Sie selbst sein, eine Freundin oder auch Klientinnen und Klienten, falls Sie diese hellseherische Tätigkeit professionell ausüben. Der oder die Klientin sollte darauf achten, dass er oder sie einige Karten umgekehrt in den Stapel gibt: Wenn sie dann ausgelegt sind, liegen sie umgekehrt, also mit dem Kopf nach unten. Ähnlich wie Tarot-Karten haben auch die Feen-Karten verschiedene Bedeutungen, je nachdem, ob sie aufrecht oder umgekehrt liegen. Es gibt natürlich Tarot-BeraterInnen, die eine umgekehrte Lage nicht miteinbeziehen; aber das vor Ihnen liegende Karten-Deck ist in besonderer Weise darauf ausgerichtet, beide Positionen zu betrachten; denn nur so können genaue Resultate erzielt werden.

Die Kartenleserin übernimmt dann die gemischten Karten von dem Klienten oder der Klientin und legt sie mit dem Bild nach unten im gewählten Legemuster aus. Auf den folgenden Seiten finden Sie eine Reihe von solchen Legemustern. Einige davon geben Ihnen eine schnelle Antwort auf eine einzelne Frage; andere eignen sich besser für eine umfassende und detaillierte Lebensberatung. Manche Legemuster sind besser für praktische Angelegenheiten, andere passen besser für emotionale oder spirituelle Fragen. Ich empfehle Ihnen, die Beschreibung der Legemuster durchzulesen und dasjenige auszuwählen, das Ihnen am meisten zusagt. Sollten Sie bereits ein bevorzugtes Muster aus Tarot-Sitzungen haben, so können Sie es natürlich auch verwenden; es eignet sich auch für die Arbeit mit den Feen-Karten.

Wenn Sie mit dem Auslegen fertig sind, können Sie die erste (und dann alle anderen Karten) mit der Bildseite nach oben drehen. Achten Sie darauf, ob sie normal oder umgekehrt liegt. Wenn die Sitzung für Sie selbst ist, können Sie die Beschreibungen unter der Überschrift *Das Feenwesen* zu Rate ziehen; dadurch bekommen Sie einen Einblick in deren jeweilige Eigenschaften und Wirkungsweisen. Wenn die Sitzung jedoch für eine andere Person bestimmt ist, brauchen Sie diese Details nicht jedes Mal vorzulesen, es sei denn, Sie halten sie im Einzelfall für besonders nützlich. Es reicht auch, einfach die Deutungen unter den Rubriken *Orakeldeutung* zu berücksichtigen. Deuten Sie jede einzelne Karte, bevor Sie zur nächsten übergehen. Es ist durchaus angebracht, am Ende der Sitzung alles, was Sie entdeckt haben, in Ihren eigenen Worten zusammenzufassen. Wenn Sie mehr Erfahrung gesammelt haben und auch mehr über die verschiedenen Feen-Energien wissen, werden Sie erleben, dass Ihnen zusätzliche Deutungen einfallen. Sie brauchen keine Scheu zu haben, sie in der Sitzung zu erwähnen: Genauso wie beim Tarot sind die aufgelisteten Interpretationen nur ein Ausgangspunkt.

Vergessen Sie bei der Deutung der Karten nicht, dass jede Hofkarte – Page, Dame, Königin oder König – auch wirkliche Personen im Leben des Klienten oder

der Klientin anzeigen können. Außerdem sollte dem Auftauchen einer der acht Fest-Karten besonderes Gewicht zugemessen werden. Sie zeigen mächtige Tendenzen an, denen man sich nicht widersetzen sollte, d.h., sie müssen akzeptiert und verarbeitet werden. Gelegentlich – und darauf sollte man sorgfältig achten – zeigen sie auch das Datum an, zu dem ein Ereignis stattfinden könnte.

Legemuster

Feenhügel

Der Feenhügel hilft Ihnen, wichtige Themen und Ereignisse Ihrer Vergangenheit zu erkennen; ferner sehen Sie Einflüsse und Umstände, die auf die Gegenwart einwirken; und schließlich erkennen Sie den besten Weg in die Zukunft.

Mischen Sie die Karten und legen Sie einige umgekehrt in den Stapel, damit Sie auch die umgekehrten Bedeutungen miteinbeziehen können. Legen Sie die Karten so aus, wie Sie es auf der Zeichnung sehen: Sie beginnen mit der ersten Karte und enden mit der dreizehnten Karte.

Gehen Sie dann zur Deutung der Karten über und beginnen Sie auch hier wieder mit der ersten Karte, um dann mit der dreizehnten Karte zu enden.

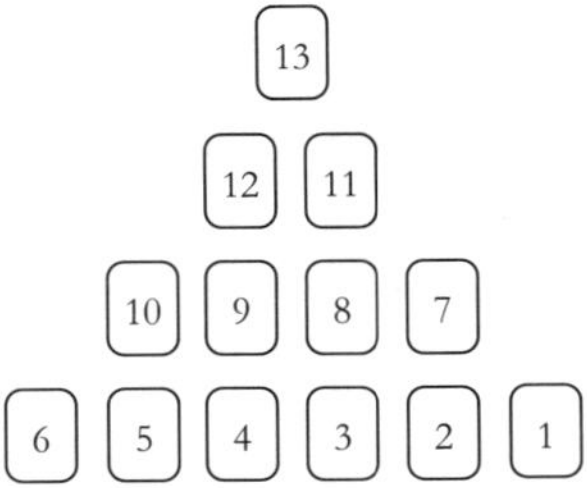

1. Die erste Karte symbolisiert die Klientin zur gegenwärtigen Zeit. Selbst wenn die Karte ein wenig seltsam erscheint, verweist sie auf genau jene Aspekte ihrer Persönlichkeit, die im Augenblick am wichtigsten sind.
2. Die zweite Karte offenbart die Einflüsse, die der Klientin gegenwärtig am nächsten sind.
3. Die dritte Karte zeigt, was sie sich am meisten wünscht.
4. Die vierte Karte stellt die mentalen Prozesse der Klientin im Hinblick auf die gegenwärtigen Ereignisse dar.
5. Die fünfte Karte gibt ihre Gefühle wieder.
6. Die sechste Karte zeigt vergangene Einflüsse und Tendenzen an, die noch immer auf die gegenwärtige Situation einwirken.
7. Die siebte Karte bezieht sich auf spirituelle Fragen und Überlegungen.

8. Die achte Karte betrifft praktische Dinge wie Geld oder sonstige materielle Angelegenheiten.
9. Die neunte Karte zeigt karmische Ereignisse an, denen man nicht ausweichen kann.
10. Die zehnte Karte offenbart wichtige zukünftige Einflüsse, die günstig sein können, aber nicht müssen.
11. Die elfte Karte verweist auf die nächstliegenden Fragen.
12. Die zwölfte Karte weist der Klientin den besten Weg zum Erfolg.
13. Die dreizehnte Karte zeigt das Ergebnis an.

Feenmarkt

Der Feenmarkt ist ein vielseitiges Legemuster, das für umfassende Lebensfragen verwendet werden kann, aber auch ganz bestimmte Fragen beantworten kann.

Mischen Sie die Karten und legen Sie einige umgekehrt in den Stapel, damit Sie auch die umgekehrten Bedeutungen miteinbeziehen können. Legen Sie die Karten so aus, wie Sie es auf der Zeichnung sehen: Sie beginnen mit der ersten Karte und enden mit der elften Karte.

Beginnen Sie mit der Deutung bei der ersten Karte:

1. Diese Karte stellt die Klientin oder wichtige Aspekte von ihr dar.
2. Die zweite Karte betrifft die Frage.

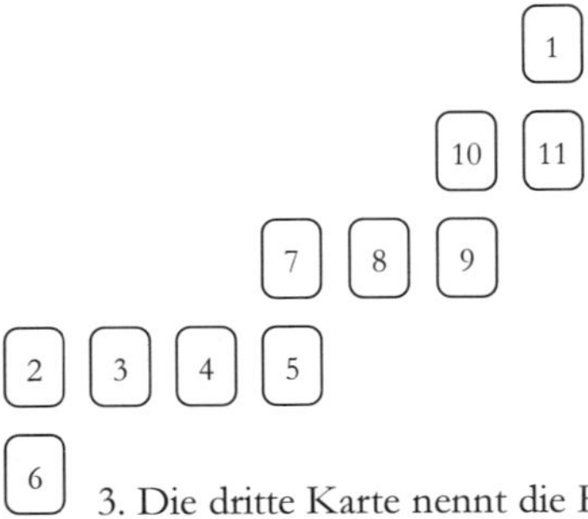

3. Die dritte Karte nennt die Hindernisse, die der Klientin im Weg stehen.
4. Die vierte Karte bezieht sich auf die Vergangenheit der Klientin.
5. Die fünfte Karte zeigt gegenwärtige Tendenzen, von denen die Klientin umgeben ist.
6. Die sechste Karte legt dar, was die Klientin in der näheren Zukunft zu erwarten hat.
7. Die siebte Karte sagt Ereignisse oder Tendenzen der ferneren Zukunft voraus.
8. Die achte Karte zeigt die mentalen Aspekte der Frage an.
9. Die neunte Karte empfiehlt der Klientin Dinge, die ihr helfen können.
10. Die zehnte Karte offenbart die Hoffnungen oder Ängste der Klientin.
11. Die elfte Karte enthüllt das letztendliche Ergebnis.

Schutzfeen

Den alten Lehren zufolge lernen Hexen ihre Geheimnisse von den Feen und Elfen. Dieses Legemuster hilft Ihnen, Zugang zu den Feen-Energien zu finden, die Ihnen in Ihrem ganzen Leben zur Seite stehen werden.

Entfernen Sie die acht Fest-Karten; sie sind in diesem Legemuster überflüssig. Legen Sie die Karten so aus, wie Sie es auf der Zeichnung sehen: Sie beginnen mit der ersten Karte und enden mit der siebten Karte. Beginnen Sie mit der Deutung ebenfalls bei der ersten Karte und enden Sie mit der siebten Karte. Wenn Sie Karten mit negativen Inhalten ziehen, so heißt das, dass Sie einen wichtigen Teil Ihrer selbst bzw. Ihrer Verbindung zu diesen Energien blockieren. In diesem Sinne sollte jede Deutung dieses Musters vorgenommen werden.

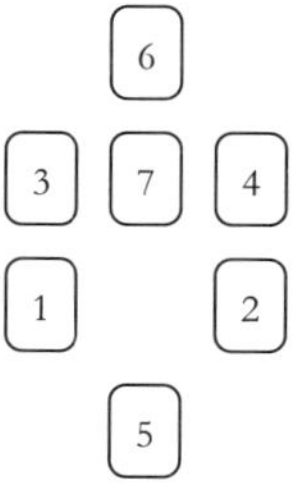

1. Die Schutzfee an Ihrer linken Ferse hält den Schlüssel, mit dem Sie Zugang zum kräftigsten Urquell

Ihrer Vitalität, Sinnenfreude und instinktiven Orientierung finden.

2. Die Schutzfee an Ihrer rechten Ferse führt Sie zu emotionalem Wohlergehen und grenzenlosem Glück.
3. Die Schutzfee an Ihrer linken Hand lehrt Sie persönliche Balance und die Verwendung des Intellekts.
4. Die Schutzfee an Ihrer rechten Hand zeigt Ihnen den Weg zu innerer Harmonie und persönlichem Wachstum.
5. Die Schutzfee hinter Ihnen verhilft Ihnen zu größerer Kreativität und Selbstverwirklichung.
6. Die Schutzfee vor Ihnen öffnet Ihre übersinnlichen Fähigkeiten: Hellsichtigkeit, Phantasie und Vision.
7. Die Schutzfee an Ihrem Herzen besitzt den Schlüssel zum spirituellen Bewusstsein und erleuchtet Ihren Pfad zur ewigen Wahrheit.

Feenring

Dieses Legemuster gibt Ihnen einen Überblick über Ihre Lebenstendenzen und erklärt Ihnen, wie Sie am besten vorankommen.

1. Die erste Karte stellt Ihre gegenwärtige Lebensphase dar.
2. Die zweite Karte zeigt, was hinter Ihnen liegt.

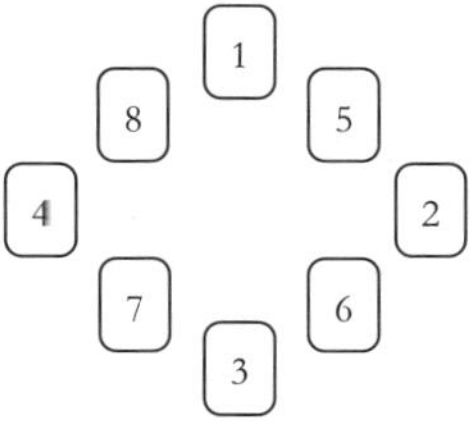

3. Die dritte Karte gibt das wieder, was vor Ihnen liegt.
4. Die vierte Karte zeigt Schwächen an, die Sie überwinden sollten.
5. Die fünfte Karte nennt Stärken, die entwickelt werden sollten.
6. Die sechste Karte zeigt Hindernisse an, die auf Ihrem Weg liegen.
7. Die siebte Karte stellt Dinge dar, die Ihnen helfen.
8. Die achte Karte offenbart das Endergebnis dieser Phase.

Feenorakel

Das Feenorakel kann man verwenden, um die Antwort auf eine einzelne Frage zu finden.

Mischen Sie die Karten und legen Sie einige umgekehrt in den Stapel, damit Sie auch die umgekehrten Bedeutungen miteinbeziehen können. Legen Sie die Karten so aus, wie Sie es auf der Zeichnung sehen: Sie beginnen mit der ersten Karte und enden mit der siebten Karte.

Beginnen Sie mit der Deutung bei der ersten Karte:

1. Diese Karte symbolisiert die Klientin zur gegenwärtigen Zeit. Selbst wenn die Karte ein wenig seltsam erscheint, verweist sie auf genau jene Aspekte ihrer Persönlichkeit, die im Augenblick am wichtigsten sind.
2. Die zweite Karte formuliert die dringlichste Frage der Klientin.
3. Die dritte Karte erklärt, welche Einflüsse ihr helfen können.
4. Die vierte Karte zeigt an, welche Einflüsse ihre Wünsche behindern können.
5. Die fünfte Karte deutet an, welche Handlungsweise am günstigsten ist.
6. Die sechste Karte enthüllt die Wurzel des Problems, die auch in einer sehr fernen Vergangenheit liegen kann.
7. Die siebte Karte lässt die Entwicklung der Situation in der nahen Zukunft erkennen.

Im Allgemeinen zeigt eine größere Anzahl von aufrecht liegenden Karten eine positive Antwort an, während eine größere Anzahl umgekehrt liegender Karten ein Nein beinhaltet.

Mit den Karten meditieren

Alle sechzig Karten des Orakels können zum Meditieren verwendet werden. Dabei fungieren die Bilder als Wegweiser, der Sie zu den jeweiligen Feen-Energien jeder einzelnen Karte führt; und in diesem Sinne wurden sie auch gestaltet.

Eine Verbindung mit der Feen-Energie herstellen

Nehmen Sie die Karte zur Hand, mit der Sie arbeiten wollen, und betrachten Sie sie. Lesen Sie den Text über das betreffende Feenwesen. Halten Sie die Karte vor sich hin und betrachten Sie sie von neuem. Sobald Sie das Gefühl haben, dass das Bild und die dazugehörigen Symbole vor Ihrem geistigen Auge feste Gestalt angenommen haben, legen Sie die Karte vor sich hin, schließen die Augen und entspannen sich. Betreten Sie den symbolischen Raum dieser Karte und bauen Sie eine Beziehung zu dem in ihm weilenden Feenwesen auf.

Nehmen wir an, Sie haben Brownie gewählt. Schließen Sie die Augen und entspannen Sie sich. Stellen Sie sich vor, dass Sie in der warmen Küche eines gemütlichen Cottages am Herdfeuer sitzen und Ihre Füße am Herd wärmen. Es ist Abend, draußen dämmert es schon. Der Wind rauscht durch die Bäume und pfeift in den Dachrinnen. Sie sind froh, dass Sie im Haus sitzen. Auf dem Herd pfeift der Teekessel, das Wasser beginnt schon zu kochen. Das Feuer knistert, und der angenehme Geruch brennenden Holzes, vermischt mit dem Duft des Brotes, der aus dem Backofen quillt, erfüllt den Raum.

Sie beginnen zu dösen, aber auf einmal nehmen Sie eine Bewegung hinter sich wahr – ein Besen berührt den Boden. Sie halten ganz still und öffnen nur Ihre Augen ein wenig. Und schon sehen Sie ein häusliches Brownie-Weibchen, das eine Schürze über seinem graubraunen Kleid trägt.

Dies ist die Haus-Fee des Cottages. Jedes gutes Haus sollte sie haben, denn sie beschützt es und wacht über den Haushalt. Seien Sie mucksmäuschenstill, denn Sie wollen dieses Feenwesen ja nicht verscheuchen. Wahrscheinlich wissen Sie auch, dass Brownies es nicht mögen, wenn man ihnen mit Worten dankt. Sie haben es lieber, wenn man ihnen stattdessen jeden Abend eine Schale mit Sahne hinstellt und dabei alle Neuigkeiten über die Geschehnisse in der Familie in den Kamin flüstert. Wenn Sie ganz still sind, dürfen Sie das Brownie-Weibchen solange betrachten, wie Sie wollen. Bald werden Sie bemerken, dass eine sehr subtile Kommunikation zwischen Ihnen und dem Feenwesen entsteht.

Wenn Sie soweit sind, dieses Bild wieder loszulassen, können Sie wieder in Ihren eigenen Raum zurückkehren, in dem die Karte vor Ihnen liegt. Dann sind Sie wieder im Wachbewusstsein. Wenn Sie fertig sind, können Sie die Augen wieder öffnen.

Am besten ist es, wenn Sie nun das Erlebnis Ihrer Feen-Reise so schnell wie möglich zu Papier bringen. Führen Sie Tagebuch über Ihre Meditationen, und Sie werden Muster erkennen und Einsichten gewinnen und vielleicht auch verstehen, wohin Ihr Weg Sie führt.

Wenn Sie die Übung wiederholen, so können Sie dabei Ihr eigenes Haus visualisieren. Nicht jeder hat heutzutage ein offenes Kaminfeuer, aber das Zentrum des Hauses ist oft die Küche – dort kommen die Menschen zum Essen und Plaudern zusammen. Stellen Sie sich vor, dass Sie ruhig im Zentrum Ihres Hauses sitzen, bis Sie vor sich Ihren eigenen Hausgeist erblicken, der übrigens auch ganz anders aussehen kann als das Feenwesen auf der Karte.

Um ein Brownie anzulocken und zu verehren, bauen Sie am besten einen Altar in einer kleinen Mauernische oder auf dem Kaminsims. Dies ist traditionell der Ort, der dem Hausgeist heilig ist. Stellen Sie ein Bildnis des Feenwesens oder ein Symbol darauf, das Sie mit der Heiligkeit von Haus und Hof und all der Tätigkeiten, die dort stattfinden, assoziieren. Stellen Sie auch regelmäßig Opfergaben wie Milch, Wein und Blumen auf den Altar, vor allem bei Familientreffen und sonstigen feierlichen Anlässen. Erzählen Sie dem Feenwesen alle Neuigkeiten über das Familienleben. Fordern Sie nicht und danken Sie nicht. Denn Brownies mögen das nicht. Opfergaben sind besser. Bei allem, was Feen betrifft, sollten Geheimnisse nicht in Worten ausgesprochen werden oder mit anderen Personen erörtert werden.

Sie können mit allen Feen-Karten auf diese Weise verfahren. Aber es ist nicht ratsam, dies auch mit Geistern zu tun, die den Menschen feindlich gesinnt sind, wie etwa den Boggarts. Beginnen Sie also mit einer Meditation über das jeweilige Feenwesen und die Situation, die auf der Karte dargestellt ist. Dann können Sie die gewonnenen Informationen auf Ihre eigene Umgebung übertragen, in der die Geister vielleicht ganz anders aussehen. Um in Kontakt mit Ihrer heimischen Wasser-Fee zu treten, setzen Sie sich am besten ans Ufer eines Flusses oder Sees und meditieren dort. Wollen Sie die örtlichen Waldgeister kennenlernen, so können Sie unter Bäumen meditieren. Manche Feenwesen sollten Sie still und schweigend betrachten. Andere werden Sie vielleicht ansprechen und Ihnen Informationen zukommen lassen. Bei wieder anderen wäre es geradezu töricht, sie anzusprechen.

Wenn es Ihnen ernst mit der Arbeit mit den Feen-Energien ist, so dürfen Sie niemals vergessen, dass sie mit dem größten Respekt behandelt werden müssen. Die wichtigste Regel ist:

WOLLEN, WISSEN, WAGEN
UND SCHWEIGEN.

As: Ariel

Die Karte

Die Karte zeigt ein hochgewachsenes, ätherisches Geistwesen männlichen Geschlechts. Es trägt fließende gelbe Gewänder, schwebt durch die Lüfte und wird von einem Falken begleitet, der zu seinen Füßen neben ihm her fliegt.

Orakeldeutung

Aufrecht – Wenn Ariel in Ihre Karten schwebt, verkündet er eine vollkommen neue Phase in Ihrem Leben. Er fliegt auf den Winden des Neuen, der Veränderung herein. In Ihren Ideen und Meinungen kommt es zu einer Umwälzung. Dies ist eine günstige Zeit, um ein Regelstudium zu beginnen, neue Ideen zu entwickeln, Ideen weiterzugeben, niederzuschreiben oder schauspielerisch darzustellen.

Umgekehrt – Wenn Ariel umgekehrt erscheint, so kündet er von unklarem Denken, starren oder fehlerhaften Vorstellungen und einer Zeit der Kämpfe, Konflikte und Meinungsverschiedenheiten.

2 LEPRECHAUN

Die Karte

Ein kleiner Mann in grüner Kleidung arbeitet an einem Leisten, ist also ein Flickschuster. Allerdings bearbeitet er nur einen einzigen Schuh. Er hat spitz zulaufende Ohren, sein Antlitz ist voller Falten, aber er ist freundlich und vergnügt. Er sitzt an einem Feldrain, hinter dem das Frühjahrsgetreide grünt. Im Himmel schillert ein Regenbogen, und am Ende des Regenbogens ist der Goldschatz des Leprechauns versteckt – ganz sicher!

Orakeldeutung

Aufrecht – Wenn der Leprechaun in Ihren Karten erscheint, kündigt er materiellen Gewinn an – Preisverleihungen bei Wettbewerben, Geschenke, Erbschaften, Gewinne in Lotterien, beim Glücksspiel oder aus irgendeiner anderen unerwarteten Quelle. Wie klein oder groß das Geschenk des Leprechauns auch sein mag, Sie müssen sehr sorgfältig damit umgehen: Sonst könnte es nämlich seinen Zauber verlieren oder ebenso schnell verschwinden wie das Elfengold, das sich in Staub und vertrocknete Blätter verwandelt, sobald die Sonne über dem Horizont aufsteigt!

Umgekehrt – Wenn der Leprechaun umgekehrt in Ihrem Legemuster erscheint, sollten Sie sich darauf vorbereiten, auch unerwartete Chancen zu ergreifen. Das könnte eine Veränderung Ihrer beruflichen Ausrichtung, eine Gelegenheit zum Reisen oder interessante neue Freundschaften sein. Durch den Erwerb neuer Kenntnisse und Fertigkeiten werden Sie erfolgreich.

Die Sagen erzählen, dass der Leprechaun am Ende des Regenbogens einen Topf voll Gold aufbewahrt. Mit diesem „Schatz" sind vielleicht die kostbaren Metalle der Erde gemeint. Er könnte aber auch ein Symbol für das goldgelbe Korn der Ernte oder für die Reichtümer des Geistes sein. Wenn Sie jemals versucht haben, am Ende eines Regenbogens zu stehen, werden Sie wissen, dass man diesen Punkt nicht physisch, sondern nur im Geist erreichen kann. Aus diesem Grund gilt der Regenbogen oft als Brücke zur Welt der Götter – zum Leben nach dem Tod oder zum Feenland.

Die skurrilen Darstellungen von Leprechauns in der modernen Popkultur sollten uns nicht von der Tatsache ablenken, dass sie uralte Geister sind, deren Geschichten sich über die Jahrhunderte erhalten haben. Begegnen Sie ihnen mit Respekt!

3 BROWNIE

Die Karte

Auf der Karte sieht man ein häusliches Brownie weiblichen Geschlechts in einer braunen Schürze. Es ist gerade dabei, in einem Cottage den Herd mit einem Reisigbesen zu kehren.

Orakeldeutung

Aufrecht – Wenn ein Brownie in Ihren Karten erscheint, so will es Ihnen sagen, dass Ihnen Glück und Freude durch Heim und Familie bevorsteht. Dies ist Ihre Sicherheit, der unbezwingliche Fels, auf dem Sie Ihr weiteres Leben aufbauen können. Dort finden Sie Zuflucht vor den Wechselfällen der äußeren Welt, dorthin können Sie immer zurückkehren. Hier liegt das wahre Glück. Vielleicht wird es auch Familienfeste und feierliche Jubiläen geben, oder eine glückliche Wiederkehr steht ins Haus.

Umgekehrt – Wenn das Brownie umgekehrt in Ihren Karten erscheint, so werden Sie von Menschen anerkannt und bewundert werden, die außerhalb Ihres Hauses und Ihrer Familie leben. Sie werden Ihre Anstrengungen und Fähigkeiten belohnen.

4 BÉFIND

Die Karte

Die Karte zeigt eine Wiege, in der ein Säugling liegt. Hinter ihr treten drei Feen in Erscheinung; die vorderste ist Béfind. Sie hält eine Spindel in der Hand, während die beiden anderen jeweils ein Maßband und eine Schere haben.

Orakeldeutung

Aufrecht – Wenn Béfind in einem Legemuster erscheint, kündigt sie einen Übergang, einen rite de passage an: Sie ist bei Geburten, Hochzeiten und Todesfällen zugegen. Die umgebenden Karten können vielleicht andeuten, um welchen dieser Fälle es sich handelt. Aber Béfind kann auch eine Erfahrung ankündigen, die das Leben der Klientin von Grund auf verändert.

Umgekehrt – Wenn Béfind umgekehrt in den Karten auftaucht, so zeigt sie Ihnen, dass Sie die Gaben, mit denen Sie gesegnet sind, nicht anwenden. Aber Sie haben Ihre Fähigkeiten für einen bestimmten Zweck erhalten, und erst, wenn Sie sie einsetzen, können Sie Erfüllung finden. Freuen Sie sich darüber, was und wer Sie selbst im Innersten sind, und nicht, wie andere Sie haben wollen.

5 FEENHIRSCH / EINHORN

Die Karte

Die Karte zeigt einen weißen Hirsch mit goldenen Hufen, aber sein Spiegelbild im Waldteich ist ein geisterhaftes Einhorn.

Orakeldeutung

Aufrecht: Feenhirsch – Wenn der Feenhirsch in Ihren Karten erscheint, so fordert er Sie auf, ihm an alle Orte zu folgen, zu denen er Sie führen will. Das mag schwierig und unangenehm erscheinen, wird aber Veränderungen in die Wege leiten, die sich am Ende als wohltuend erweisen. Sie werden ungeheure Entwicklungen an sich erleben, wenn Sie dieser Herausforderung mit Mut und Entschlossenheit entgegentreten. Der weiße Hirsch ist ein Botschafter der höheren Gefilde und fordert Sie auf, nach Ihrem eigentlichen Lebensziel zu forschen.

Umgekehrt: Einhorn – Wo immer das Einhorn hintritt, stellt sich großer Segen ein. Es bringt uns sanfte Heilungen, die vom Feenreich ausgehen. Es ist ein Herold der Hoffnung, der Befreiung von Ängsten, der spirituellen Inspiration und wahrhaften Freude.

6 GARCONER

Die Karte

Die Karte zeigt einen hübschen Elfenjungen, der wie ein Zigeuner aussieht. Er trägt einen roten Mantel und ein gelbes Halstuch. Sein Haar ist schwarz und gelockt, und um seine Augen liegt ein einladendes Blinzeln. Im Hintergrund sieht man den Wagen eines Kesselflickers und einen Wohnwagen.

Orakeldeutung

Aufrecht – Wenn der Garconer, der „Liebredner" erscheint, so weist dies auf neue Anziehungen und Verbindungen hin. Je nach Art der umliegenden Karten zeigt diese Karte eine Verlockung an oder eine unmittelbare Befriedigung auf Kosten langfristigen Glücks.

Umgekehrt – Wenn der Garconer umgekehrt in Ihren Karten erscheint, so heißt das, dass Sie Ihre gegenwärtigen Umstände und Chancen verpassen und stattdessen in der Vergangenheit leben, in alten idealisierten Liebesbeziehungen schwelgen und der Nostalgie frönen.

7 ASRAİ

Die Karte

Die Karte zeigt eine zarte, junge Wasserfee am Rande eines Tümpels im Dämmerlicht. Sie streckt ihre Hand nach einer Libelle aus. Im Vordergrund sieht man blaue Schwertlilien.

Orakeldeutung

Aufrecht – Wenn die zierliche Asrai in Ihren Karten auftaucht, kündigt sie eine Art von moralischer Entscheidung an. Vielleicht geht es dabei um Richtig und Falsch, vielleicht auch um Spirituelles oder Materielles. Hören Sie auf Ihr Gewissen. Prüfen Sie jede Entscheidung sorgfältig und überlegen Sie, welche Folgen sie haben könnte. Vielleicht werden Sie gierig nach etwas greifen, was Ihnen als glänzende Trophäe erscheint, um bald darauf feststellen zu müssen, dass es sich in Ihren Händen in Asche verwandelt hat.

Umgekehrt – Wenn die Asrai umgekehrt erscheint, so verweist das auf eine Vernachlässigung des Spirituellen zugunsten des rein Materiellen, und auf den Wunsch nach materiellem Reichtum um jeden Preis. Sie weist uns warnend darauf hin, dass wir für unser egoistisches Verhalten immer bezahlen müssen.

8 BILLY WINKER

Die Karte

Die Karte zeigt ein männliches Feenwesen mit einem Grinsen auf dem Gesicht. Es trägt eine Schlafmütze und ein Nachtgewand, hält eine Kerze in der Hand und schlurft durch ein blaues Schlafzimmer.

Orakeldeutung

Aufrecht – Wenn Billy Winker in Ihren Karten erscheint, so kündigt er Gesundung und Erholung von einer Krankheit an, vielleicht auch das Ende eines Problems, das Ihnen Sorgen bereitet hat. Er zeigt eine Phase der Ruhe und Entspannung, vielleicht auch einen Urlaub an.

Umgekehrt – Wenn Billy Winker in Ihren Karten auf dem Kopf steht, so sollten Sie das als Warnung verstehen: Selbstgefälligkeit und Bequemlichkeit führen Sie in Schwierigkeiten, die schneller entstehen, als sie geheilt werden können. Vielleicht zeigt er auch Probleme an, die mit Unmäßigkeit zu tun haben wie Nikotinsucht oder Trunksucht.

9 PIXIE

Die Karte

Die Karte zeigt einen kleinen Kobold, einen Pixie, der einen Stab in der Hand hält. Im Hintergrund sieht man einen alten Quoit aus Megalithen, der in grauer Vorzeit als Grabkammer diente.

Orakeldeutung

Aufrecht – Sie haben eine schwierige Zeit hinter sich, aber die verspielten Pixies raten Ihnen, nicht alles so ernst zu nehmen. Lassen Sie sich aufheitern und genießen Sie das Leben! Lachen kann ein wirkungsvolles Heilmittel für die Beschwernisse des Lebens sein. In dem Spruch „Lachen ist die beste Medizin" liegt mehr als ein Körnchen Wahrheit; denn durch Lachen können wir tatsächlich Stresszustände reduzieren und das Immunsystem stärken. Erinnern Sie sich an Ihre Kinderzeit, als die Welt noch wunderbar und aufregend war? Versuchen Sie, ein wenig von diesem Gefühl wieder aufleben zu lassen.

Umgekehrt – Sie drücken sich vor einer Aufgabe oder Verantwortung. Zur Zeit ist es Ihnen egal, ob Sie anderen Schmerz zufügen, weil Sie nur an das denken, was Sie haben wollen. Diese Haltung wird zu einem späteren Zeitpunkt ungünstige Folgen für Sie haben.

Dame: White Lady

Die Karte

Diese Karte stellt eine liebliche, blasse Frau mit fließendem Silberhaar dar. Sie schwebt über einer Bergschlucht, in der ein Wasserfall die Felsen herabstürzt. Ein bläulicher Dunst liegt über der Landschaft. Die Stimmung ist unheimlich.

Orakeldeutung

Aufrecht – Die weiße Dame kündigt an, dass ein Besuch an einem besonderen Ort oder ein ganz bestimmtes Ereignis große Veränderungen in Ihrem Denken und Ihrer Lebensweise bewirken wird. Wenn dies geschieht, erscheint es vielleicht nicht besonders bedeutsam; aber es ist ein winziges Samenkorn, das in Ihrem Unterbewussten aufkeimt. Und aus einer kleinen Eichel können mächtige Eichen entstehen!

Die weiße Dame kann auch auf eine wirkliche Person in Ihrem Leben hinweisen – ein attraktives Mädchen, eine anziehende junge Frau, die Vergnügen, Gastfreundschaft und Abenteuer liebt. Sie kann eine treue und warmherzige Freundin sein, ist aber vielleicht auch leicht verletzlich. Wenn Sie ihren Ärger erregen, wird Sie zu einer ernstzunehmenden Gegnerin.

Umgekehrt – Wenn die weiße Dame umgekehrt in Ihren Karten erscheint, so heißt das, dass Sie keinen Boden unter den Füßen haben und dass Sie sich entwurzelt und freischwebend fühlen. Sie wissen nicht, welche Richtung Sie einschlagen sollen.

Die umgekehrte Karte kann auch eine wirkliche Person in Ihrem Leben darstellen: eine oberflächliche junge Frau, die nur an sich selbst denkt. Sie mag Ihnen als Freundin erscheinen, benutzt Sie aber in Wirklichkeit nur für ihre eigenen Zwecke.

Page: Tiddy Mun

Die Karte

Auf der Karte erscheint ein schäbig gekleideter Elf mit weißem Haar und einem langen weißen Bart. Er läuft eilends durch das Schilf eines nebligen Marschlandes in East Anglia. Im Hintergrund ist eine Windmühle.

Orakeldeutung

Aufrecht – Wenn der gutherzige Tiddy Mun in Ihren Karten auftaucht, so kündet er von Erfolg und Befriedigung. Dabei geht es aber nicht um materielle Werte, sondern eher um Aufgaben, die gut erfüllt worden sind. Tiddy Mun verkörpert einen hilfsbereiten Freund oder auch ein unschuldiges Vergnügen.

Er kann auch eine wirkliche Person in Ihrem Leben darstellen: einen anziehenden jungen Mann, der romantisch und idealistisch ist und altmodische Vorstellungen von Ritterlichkeit und Adel hat.

Umgekehrt – Wenn der Tiddy Mun umgekehrt erscheint, so sollten Sie das als warnenden Hinweis verstehen: Vielleicht versuchen Sie, eine unangenehme Situation zu ignorieren. Hier geht es auch um Grausamkeit und Undankbarkeit. Vielleicht sind Sie dabei, sich eine andere Person zum Feind zu machen.

Umgekehrt kann Tiddy Mun eine wirkliche Person in Ihrem Leben verkörpern: einen unehrlichen, egoistischen jungen Mann, der grausam und betrügerisch ist.

Königin: THE SEA MITHER

Die Karte

Die Karte zeigt eine schöne, mütterliche Frau, die bis zu den Knöcheln in sanften Meereswellen steht. Sie trägt ein wasserblaues Kleid und einen Mantel in derselben Farbe, auf ihrer Stirn glitzert ein Diadem aus seltenen und kostbaren dunklen Perlen. In den Händen hält sie ein Füllhorn, aus dem sie silbrig glänzende Fische ins Wasser schüttet.

Orakeldeutung

Aufrecht – Wenn Sea Mither in Ihren Karten erscheint, so heißt das, dass Sie von mächtigen schöpferischen Energien umgeben sind. Es ist ein Hinweis auf Fruchtbarkeit, Überfluss, Stabilität, Partnerschaft, eine glückliche Ehe und vielleicht auch die Schaffung von Kunstwerken in Musik oder Literatur. Manchmal kündigt sie auch die Geburt eines Kindes an.

Wenn Sie in den Karten auftaucht, so kann sie auch eine wirkliche Frau in Ihrem Leben anzeigen – eine Frau voller Sanftheit und Intelligenz, die auch künstlerisch, großzügig und ehrlich ist.

Umgekehrt – Wenn Sea Mither umgekehrt erscheint, so bedeutet dies Armut, Mangel, Sterilität, kreative Blockaden oder Aufruhr im häuslichen Bereich. Manchmal zeigt die Karte auch eine verzweifelt promiskuitive Partnersuche an, die aus Einsamkeit und dem Bedürfnis nach Liebe entstanden ist.

Umgekehrt kann Sea Mither auch eine wirkliche Frau darstellen. Es könnte eine Witwe oder eine einsame Frau sein, die sich als bittere und bösartige Klatschtante erweist.

KÖNIG: THE WOODWOSE

Die Karte

Diese Karte zeigt einen wilden Mann aus dem Feenreich mit langem, zerzaustem Haar und einem Bart. Mit heftigen Schritten schreitet er durch das Waldland, über dem Kopf schwingt er eine große Keule.

Orakeldeutung

Aufrecht – Der Woodwose verkörpert den Ruf der Wildheit und des Ursprünglichen: Man lässt das Bekannte hinter sich und stellt sich dem Unbekannten. Er gleicht einer frischen Brise, die alle altbekannten Werte wegbläst und das normale Alltagsleben auf den Kopf stellt. Aber dabei liegt auch eine freudige Stimmung in der Luft – trotz aller unerwarteten Ereignisse und Umstände.

Diese Karte kann auch eine wirkliche Person in Ihrem Leben ankündigen: ein reifer Mann, der lebhaft, energisch, edel gesinnt, aber auch unorthodox und unkonventionell ist, ein Mann, der alles um sich herum ins Chaos stürzt.

Umgekehrt – Wenn der Woodwose umgekehrt erscheint, so ist das ein Hinweis auf verwegenes und impulsives Verhalten, Energievergeudung oder ein Wegwerfen von Talenten. Hier geht es auch um die

Weigerung, nachzugeben oder Kompromisse zu schließen. Ärger und Wut werden in die falsche Richtung gelenkt.

Umgekehrt kann diese Karte auch eine wirkliche Person in Ihrem Leben ankündigen: einen intoleranten, halsstarrigen und von Vorurteilen belasteten Mann. Wahrscheinlich gehört er zu den Menschen, die viele Dinge beginnen, aber nichts zu Ende bringen.

As: Der feuerspeiende Drache

Die Karte

Das Bild zeigt die züngelnden Flammen eines offenen Kamins. Über dem Kamin hängen Hufeisen als Glücksbringer. Auf dem Kaminsims stehen brennende Kerzen. Ein kleiner Drache, den wir als „feuerspeienden Drachen“ bezeichnen, genießt die Wärme dieser Umgebung.

Orakeldeutung

Aufrecht – Wenn der feuerspeiende Drache in einem Legemuster erscheint, so deutet das auf eine Zeit rastloser Energie hin. Ein Verlangen nach Veränderung wird spürbar. Der feuerspeiende Drache kündet vielleicht auch von neuen Chancen, Unternehmungen und einem Zyklus großer kreativer Energie, von Innovation, Erfindungsreichtum, Inspiration, Dynamik und Leidenschaft.

Umgekehrt – Wenn der feuerspeiende Drache umgekehrt in Ihrem Legemuster erscheint, so spricht das von einem mangelnden Willen zum Handeln, von Zweifeln,

Fehlstarts, Zusammenhanglosigkeit oder von Projekten, die nicht verfolgt werden. Diese Karte kann auch Impotenz, Unfruchtbarkeit, Frustration und Probleme mit dem jeweils anderen Geschlecht andeuten.

2 WAYLAND DER SCHMIED

Die Karte

Die Karte zeigt einen stämmigen Elfenschmied, der an seinem Amboss arbeitet.

Orakeldeutung

Aufrecht – Wenn Wayland Smith in Ihren Karten erscheint, so verweist dies auf eine Periode harter Arbeit, in der Sie Ihre schöpferische Kraft, Ihr handwerkliches Können, Ihr Knowhow, Ihr ganzes Können und Ihre Meisterschaft einsetzen. Günstige Gelegenheiten und Erfolgschancen tun sich vor Ihnen auf, und Ihre Bemühungen werden Früchte tragen. Wayland zeigt in gewisser Weise auch Transformationen an, da er Neues aus dem alten Material schmiedet.

Umgekehrt – Wenn Wayland umgekehrt in Ihren Karten auftaucht, so kündigt er Konkurrenzdruck, Verzögerungen und Rivalitäten an. Er warnt auch davor, Details zu wenig Aufmerksamkeit zu schenken, denn dies kann zu Misslingen, stümperhafter Arbeit und inkompetenten Leistungen führen.

3 GRUAGACH

Die Karte

Ein langhaariger Elf, der ein Kleid aus gewebtem Wollstoff trägt, steht vor einem schottischen Schloss am Rande eines *loch*, eines Sees.

Orakeldeutung

Aufrecht – Wenn ein Gruagach in Ihren Karten auftaucht, so hat das mit Heimatverwurzelung, alten Traditionen, Ahnen, Erbschaft, Familienvermögen und Familienbetrieben zu tun oder auch mit der Errichtung eines festen Fundaments in irgendeinem Bereich.

Umgekehrt – Wenn ein Gruagach umgekehrt auftaucht, so steht das für leere Formen und Rituale, umständliche Antragstellerei, Verharren in Routine und Langeweile. Vielleicht kommt es auch zu Familienzwist in Bezug auf Testament und Erbschaften, oder ein Umzug steht ins Haus.

4 HABETROT

Die Karte

Die Karte zeigt eine gebeugte, grün gekleidete Frau mit einer langen Lippe, die an einem Spinnrad sitzt. Hinter ihr erhebt sich ein Feenhügel sowie ein durchbohrter *standing stone* oder „Dolmen“, der oben ein Loch aufweist.

Orakeldeutung

Aufrecht – Wenn Habetrot in Ihren Karten erscheint, so zeigt sie die Wirkungsweise des Schicksals an. Habetrot spinnt Ihnen eine Veränderung in Ihren Lebensweg. Sie werden Fortschritte erzielen: Gute Leistungen, Beförderung, neue Gelegenheiten stehen ins Haus. Vielleicht werden Sie auch einen Karrieresprung vollziehen.

Umgekehrt – Wenn diese Karte umgekehrt erscheint, so kündigt sich eine Pechsträhne an. Vielleicht sind Sie überrascht und fassungslos angesichts des Verlaufes, den die Dinge nehmen. Aber dies alles ist schicksalhaft und kann nicht vermieden werden.

5 CRO SITH / TAROO USHTY

Die Karte

Die Karte zeigt eine weiße Kuh mit roten Ohren. Sie steht am Rande eines Sees, in dem sich ein *Taroo Ushty* oder „Wasser-Stier“ spiegelt.

Orakeldeutung

Aufrecht: Cro Sith – Wenn die sanfte und fürsorgliche *Cro Sith* aufrecht in Ihren Karten auftaucht, kündigt sie eine Zeit nährender und selbstloser Liebe an – wie die Liebe einer Mutter für ihr Kind. Ihre Geschenke sind emotionale Erfüllung, Behaglichkeit, Schutz, Fürsorglichkeit und Unterstützung.

Umgekehrt: Taroo Ushty – Wenn der ungestüme *Taroo Ushty* in Ihren Karten erscheint, so spricht das von Aggressivität, Machtmissbrauch, brutaler Gewalt und Arroganz.

6 AINE

Die Karte

Eine liebliche Fee sitzt an einem strahlenden Sommertag am Fuße eines Feenhügels.

Orakeldeutung

Aufrecht – Wenn die Fee Aine aufrecht in Ihren Karten erscheint, so verspricht sie Harmonie, neue romantische Beziehungen, Ehe, gegenseitige Verpflichtungen, Freundschaft, Partnerschaft und Zusammenarbeit.

Umgekehrt – Wenn Aine umgekehrt liegt, so verweist das auf unrealistische Erwartungen in einer Beziehung. Es geht um Ressentiments, Ungleichheit, Voreingenommenheit, Ungerechtigkeit, Streit, Missverständnisse, Trennung, Scheidung, unerwiderte Liebe, mangelnde Rücksichtnahme oder Treulosigkeit.

7 WILL O' THE WISP

Die Karte

Das Bild zeigt einen kleinen Elf mit einer Laterne, der als Irrlicht über sumpfiges Gelände flitzt.

Orakeldeutung

Aufrecht – Das Erscheinen des Will o' the Wisps bedeutet Täuschung, Betrug oder Fehlwahrnehmungen. Auch Selbsttäuschung oder Wunschdenken kann damit gemeint sein.

Umgekehrt – Wenn ein Will o' the Wisp umgekehrt in Ihren Karten umherflackert, so geht es um treulose Freunde, falsche oder gebrochene Versprechungen und Unzuverlässigkeit.

8 TAM LIN

Die Karte

Diese Karte zeigt einen gut aussehenden Ritter, der tief im Wald an einem Brunnenrand steht. Über dem Wasser wachsen wilde Rosen, und der Ritter hält mehrere liebliche Blüten in der Hand.

Orakeldeutung

Aufrecht – Wenn Tam Lin auftaucht, so verheißt dies Wiederherstellung und Befreiung von einer schlimmen oder furchterregenden Situation, Genesung von Krankheit, Erleichterung, tröstliche Befriedigung nach erlittenen Schmerzen, ein Gewicht, das von der Seele fällt.

Umgekehrt – Wenn Tam Lin umgekehrt erscheint, so ist dies eine Warnung vor Einschränkung, Gefangenschaft, Verbannung, Verlust, Schuld, Angst, vielleicht auch einem gesundheitlichen Schaden.

9 JENNY GREENTEETH

Die Karte

Die Karte zeigt eine hexenhafte Wassernixe, die sich aus einem Fluss erhebt. Ihr Haar besteht aus Algen, und auch ihre Zähne sind grün.

Orakeldeutung

Aufrecht – Wenn Jenny Greenteeth in Ihren Karten auftaucht, zeigt sie Gefahr und Unsicherheit an: Sie sind mit Fallen und Risiken konfrontiert. Dinge, die sicher erscheinen, täuschen Sie nur. Ein Wolf im Schafspelz könnte Sie hintergehen.

Umgekehrt – Wenn Jenny Greenteeth umgekehrt in Ihren Karten erscheint, ist es ein Hinweis auf ein notwendiges Opfer, auch wenn es unfreiwillig gebracht wird. Sie werden etwas aufgeben müssen, um etwas anderes zu bekommen.

DAME: THE GREEN LADY

Die Karte

Die Karte zeigt eine Waldfee oder Baumnymphe mit kastanienbraunem Haar; sie ist in moosgrüne Gewänder gekleidet.

Orakeldeutung

Aufrecht – Wenn die sanfte *Green Lady* in Ihren Karten erscheint, so zeigt sie Wachstum, Fortschritt, Entwicklung, Vitalität, Energie, Virilität und Potenz an.

Die Grüne Dame kann auch eine wirkliche Person in Ihrem Leben darstellen: eine attraktive Frau, die klug, arbeitsam, treu, schöpferisch, leidenschaftlich, begeisterungsfähig und in ihren emotionalen Reaktionen schnell und lebhaft ist – sei es Liebe oder Zorn.

Umgekehrt – Wenn die Karte umgekehrt liegt, symbolisiert die Grüne Dame einen Mangel an Energie, einen Verlust von Lebenskraft sowie Langeweile, Müdigkeit und das Fehlen eines echten Ziels im Leben. Vielleicht beschreibt sie auch Gefühle von Neid und Eifersucht.

Dann kann die *Green Lady* auch eine wirkliche Person in Ihrem Leben darstellen: eine faule Frau, die sich leicht gelangweilt fühlt oder entmutigen lässt, dennoch aber Aufmerksamkeit und Trost für ihre größtenteils eingebildeten Krankheiten und Missgeschicke fordert.

PAGE: ROBIN GOODFELLOW

Die Karte

Die Karte zeigt einen Wald-Faun mit Hörnern und Hufen, der auf einer Flöte spielt.

Orakeldeutung

Aufrecht – Wenn Robin Goodfellow in Ihre Karten hüpft, so kündigt er Spaß und gutartige Streiche an. Neue Erfahrungen, Abenteuer, Vergnügungen und Feste sind im Anzug.

Robin Goodfellow kann auch eine wirkliche Person in Ihrem Leben anzeigen, und zwar einen jungen Mann, der furchtlos, gewitzt, ungestüm, unvorhersagbar und immer zu spannenden Abenteuern bereit ist. Er ist leicht reizbar, hasst aber Ungerechtigkeiten aller Art und erhebt sofort Einspruch, wenn er so etwas erlebt.

Umgekehrt – Wenn Robin Goodfellow Kopf steht, so lässt das lästige und ärgerliche Vorfälle, vielleicht auch rechtliche Probleme erwarten. Es kommt zu Verzögerungen, einiges wird auf die lange Bank geschoben.

Der umgekehrte Robin Goodfellow kann auch eine wirkliche Person in Ihrem Leben anzeigen, einen jungen Mann, der engstirnig, bigott und rechthaberisch ist, der immer nur das Gegenteil um des Gegenteils willen tut oder fordert.

Königin: The Elder Queen

Die Karte

Die Karte zeigt eine gereifte Frau inmitten eines Hains von blühenden Holunderbäumen, es ist die Holunderkönigin. Sie trägt ein Gewand in den Farben des Waldlandes – Grün und Gelb und präsentiert einen Teller mit Holunderbeeren. Ein Lichtkranz liegt um ihren Kopf. An der rechten unteren Ecke der Karte sieht man weitere Holunderblüten.

Orakeldeutung

Aufrecht – Wenn die Holunderkönigin in Ihren Karten erscheint, so kündigt sie Anmut, Warmherzigkeit, Schutz, Freundlichkeit, Kraft und Hilfe vonseiten eines Freundes an. Möglicherweise sagt sie auch den Erfolg einer Unternehmung voraus.

Diese Karte kann auch eine wirkliche Person in Ihrem Leben anzeigen: eine gereifte Frau, die offen, direkt, ehrlich, praktisch, energisch, hilfsbereit und großzügig ist. Wahrscheinlich verfügt sie auch über ein einladendes, gut geführtes Haus.

Umgekehrt – Wenn die Holunderkönigin umgekehrt in Ihren Karten erscheint, so ist dies eine Mahnung, Ihre Arbeit gewissenhaft zu verrichten: Ansonsten könnten Sie einen schlimmen Fehler mit unangenehmen Konsequenzen machen. Seien Sie im Augenblick noch sehr sorgsam bei allem, was Sie tun. Wenn Sie ein Projekt bereits in die Wege geleitet haben, kann es noch immer Fallen auf dem Weg geben.

Die umgekehrte Karte kann auch eine wirkliche Frau in Ihrem Leben andeuten: eine reife, selbstgenügsame Frau mit innerer Stärke und Entschlusskraft.

König: The Oakman

Die Karte

Diese Karte zeigt einen Eichenwald im Frühsommer. Auf dem Boden sieht man Glockenblumen. Vor dem Baum steht ein zwergenhafter Schrat, der eine Eichel im Arm hält. In seiner Nähe hält sich ein Fuchs auf.

Orakeldeutung

Aufrecht – Wenn der mächtige Eichenmann in Ihren Karten auftaucht, steht er für Macht, gute Verwaltung, überliefertes Wissen und Autorität. Seine Geschenke sind Willenskraft und Selbstkontrolle, und er verspricht, dass Sie belohnt werden, wenn Sie sich korrekt und würdig verhalten.

Der Eichenmann kann auch eine wirkliche Person in Ihrem Leben anzeigen – einen gereiften Mann in einer Autoritätsposition. Er ist zuverlässig, ehrlich, praktisch, konsequent und gewissenhaft. Er liebt seine Familie und seine Traditionen.

Umgekehrt – Wenn der Eichenmann Kopf steht, so ist das ein Hinweis auf Faulheit, Selbstgefälligkeit und Bequemlichkeit, auf Angst vor Veränderung und die Unfähigkeit; sich an veränderte Umstände anzupassen. Er zeigt, dass es nicht gelingt, Gelegenheiten zu ergreifen oder vielversprechende Anfänge adäquat weiterzuführen.

Der umgekehrte Eichenmann kann auch eine wirkliche Person in Ihrem Leben anzeigen: einen Mann in fortgeschrittenem Alter, der materialistisch und skrupellos ist, der unfähig ist, den Standpunkt anderer Menschen zu verstehen oder sich um irgendetwas anderes als seine eigenen Interessen zu kümmern.

Die Herbstkarten

As: Meerjungfrau

Die Karte

Diese Karte zeigt eine Meerjungfrau: Die obere Hälfte ihres Körpers ist die einer attraktiven Frau, die untere Hälfte sieht aus wie ein von Schuppen bedeckter Fischschwanz. Ihre Haare sind lang und glänzend. Sie sitzt auf einem Felsen, der im Dämmerlicht aus dem Meer ragt. Am Himmel sieht man Venus als Abendstern. Ihr Spiegel liegt in der rechten unteren Ecke der Karte und reflektiert das Gesicht des Vollmondes.

Orakeldeutung

Aufrecht – Die Meerjungfrau ist am meisten im Wasser zuhause, dem Element, das Gefühle und Emotionen symbolisiert. Wenn sie in Ihrem Legemuster auftaucht, so kündet sie von einer Zeit großer Erfüllung und Freude. Dies kann eine Zeit kreativer Inspiration sein, in der Sie Werke von großer Wahrheit und Schönheit erschaffen. Die Meerjungfrau kann auch die Heroldin von Liebe, Anziehungskraft, Leidenschaft und Ehe sein. Sie betont, wie wichtig die weibliche Sinnlichkeit ist.

Umgekehrt – Wasser kann reinigen und frei dahinfließen, aber es kann auch aufgestaut und brackig werden. Wenn die Meerjungfrau umgekehrt in Ihren Karten dümpelt, dann verweist dies auf eine Zeit emotionaler Stagnation, Einsamkeit, auf Unglück, Isolation, Unfruchtbarkeit und Verzweiflung.

2 SPRIGGAN

Die Karte

Die Karte zeigt drei eigenartige grüne Spriggans mit überdimensional großen Köpfen, die in einem Steinkreis in Cornwall umhertollen.

Orakeldeutung

Aufrecht – Wenn die heftigen und unehrlichen *Spriggans* in Ihren Karten auftauchen, dann ist das ein Hinweis auf Diebstahl, skrupellose Machenschaften, schmutzige Geschäfte oder vielleicht auch den Verrat von Prinzipien oder vertraulichen Botschaften.

Umgekehrt – Wenn die Spriggans in Ihren Karten Kopf stehen, so sagen sie Ihnen, dass Sie Ihre Probleme schnellstens anpacken sollten. Denn sonst werden sie immer größer, bis sie ganz unüberwindlich sind.

3 WECHSELBALG

Die Karte

Diese Karte zeigt einen merkwürdig aussehenden Säugling mit spitzen Ohren. Er klettert gerade aus einer hölzernen Wiege, die vor einem altmodischen, schilfgedeckten Cottage im Sonnenschein steht.

Orakeldeutung

Aufrecht – Wenn der Wechselbalg in Ihren Karten erscheint, so bedeutet das, das irgendetwas oder irgendwer in Ihrem Leben nicht ist, was er oder es zu sein scheint. Achten Sie darauf, dass Sie nicht einem Betrug oder einem doppelzüngigen Verhalten zum Opfer fallen.

Umgekehrt – Wenn der Wechselbalg umgekehrt in Ihren Karten auftaucht, so heißt das, dass eine Person, die jünger ist als Sie, eine Situation besonders gut durchschaut. Auch wenn Sie davon überrascht sind, täten Sie gut daran, dem Rat dieser Person Folge zu leisten.

4 BANSHEE

Die Karte

Die Karte zeigt zwei *Banshees*, eigenartige, weißgesichtige Frauen mit roten Augen. Im unheimlichen Licht des Vollmondes stehen sie auf entlaubten Ästen.

Orakeldeutung

Aufrecht – Die *Banshee* bringt schlechte Neuigkeiten, warnt Sie vor einer Katastrophe oder macht Sie darauf aufmerksam, dass andere hinter Ihrem Rücken gegen Sie arbeiten. Schützen Sie sich vor übler Nachrede und Verrat durch unehrliche Freunde und Geliebte.

Umgekehrt – Wenn die *Banshee* umgekehrt in Ihren Karten erscheint, so zeigt sie Ihnen, dass Ihre übersinnlichen Wahrnehmungsfähigkeiten sich zur Zeit gut entwickeln. Hören Sie auf Ihre Intuition und vertrauen Sie Ihren Instinkten. Achten Sie auch auf Träume, Symbole und Vorzeichen.

5 GEISTERPFERD / KELPIE

Die Karte

Diese Karte zeigt ein Geisterpferd, dessen rote Farbe symbolisch andeutet, dass Feuer durch seine Adern fließt. Von seinen Hufen sprühen die Funken. Dreht man die Karte um, so sieht man ein hässliches graugrünes Kelpie, dessen Muskeln und Knochen sich deutlich abzeichnen.

Orakeldeutung

Aufrecht: Geisterpferd – Wenn das Geisterpferd in Ihre

Karten springt, so zeigt es Bewegung und Reisen an; Sie werden neue Orte kennenlernen und neue Erfahrungen machen. Dieses Pferd verheißt gute Gesundheit, Lebenskraft, Energie und Erneuerung. Die Ereignisse werden sich überschlagen, Sie werden rasante Forschritte erleben.

Umgekehrt: Kelpie – Wenn die Karte umgekehrt liegt, so haben Sie das Kelpie vor sich. Und das bedeutet Angst, impulsives Verhalten mit üblen Folgen, Fehlurteil, Hyperaktivität, Aggression, Zorn und Frustration.

6 TRYAMOUR

Die Karte

Die Karte zeigt eine liebliche Fee, die in goldene Kleider gehüllt ist. Im Hintergrund sieht man ihren sterblichen Liebhaber, einen gut aussehenden Ritter.

Orakeldeutung

Aufrecht – Wenn Tryamour in Ihren Karten erscheint, kündigt sie eine Entscheidungssituation an, in der Sie mehr mit dem Herz als mit dem Kopf entscheiden sollten. Allerdings ist auch sorgfältiges Abwägen ratsam, da alle Optionen weitreichende Folgen haben. Wenn die Karte gut aspektiert – also von günstigen Karten umgeben ist – so verheißt sie Harmonie und wahre Liebe. Ist sie schlecht aspektiert, so zeigt sie, dass eine Beziehung bis zum Äußersten belastet und geprüft wird.

Umgekehrt – Wenn Tryamour in Ihren Karten auf dem Kopf steht, so spricht sie von äußerem und innerem Druck auf eine Beziehung. Vielleicht empfinden Sie widersprüchliche Gefühle, innere Konflikte und lähmende Entscheidungsunfähigkeit.

7 THE LAKE MAIDEN

Die Karte

Die Karte zeigt eine Fee, die aus einem stillen See emporsteigt und ein glänzendes Schwert in der Hand hält. Im Hintergrund sieht man einen Wasserfall, im Vordergrund gelbe Wasserlilien, die das Ufer säumen.

Orakeldeutung

Aufrecht – Die „Herrin des Sees" gebietet über tiefe Geheimnisse und die Magie des Feenreiches. Sie enthüllt Ihnen, dass es eine verborgene Kraft in Ihrem Leben gibt, die Sie schützt und leitet und Ihnen die notwendigen Werkzeuge zur Hand gibt, damit Sie Erfolg haben können.

Umgekehrt – Wenn die „Herrin des Sees“ umgekehrt in Ihren Karten erscheint, so verweist sie auf unangebrachten Stolz, ungedeckte Ansprüche und oberflächliches Wissen, das fälschlicherweise als Weisheit ausgegeben wird.

8 BOABHAN SITH

Die Karte

Boabhan Sith präsentiert sich vor den Bergkuppen der schottischen Highlands. Auf den ersten Blick ist sie ein hübsches junges Mädchen in grünen Kleidern mit einem Webgürtel um die Taille. Aber an ihrem Mund haftet Blut. Zu ihren Füßen wachsen Giftpilze, und im Himmel fliegt eine Krähe.

Orakeldeutung

Aufrecht – Wenn Boabhan Sith in Ihren Karten erscheint, kündigt sie Krankheit, Energieverlust und ein Gefühl von Bedrängnis an.

Umgekehrt – Wenn Boabhan Sith auf dem Kopf steht, so spricht das von Selbstmitleid, Neid, negativem Denken, Depression und Egomanie.

9 SELKIE

Die Karte

Die Karte zeigt eine Frau, die bei Sonnenuntergang aus dem Meer auftaucht. Es ist eine Selkie, die ihr Robbenfell ausgezogen hat, um zu einer menschlichen Frau zu werden. Sie ist von anderen Selkies umgeben, die ihr Fell behalten und Robben bleiben.

Orakeldeutung

Aufrecht – Eine *Selkie* verkörpert die Fähigkeit, sich an jede Situation und Umgebung anzupassen. Sie lehrt uns Balance, Elastizität, Bewegung und gute Koordination.

Umgekehrt – Wenn die *Selkie* umgekehrt auftaucht, so deutet dies auf Unzufriedenheit mit einer Situation hin, verbunden mit einem Mangel an Möglichkeiten, sie aufzulösen. Alle Versuche, eine Veränderung zu bewirken, werden ins Leere laufen – es kommt zu einer Pattsituation.

DAME: MORGAN LE FAY

Die Karte

Die Karte zeigt Morgan le Fay, eine großgewachsene, rothaarige Frau, die in ein rotes Gewand gehüllt ist und ein Schwert hält. Sie ist von Apfelbäumen umgeben, die in Blüte stehen und zur gleichen Zeit Früchte tragen. Im Hintergrund sieht man die magische Insel Avalon, die sie als Königin regiert. In der rechten oberen Ecke sitzt ein Schmetterling auf einem Zweig.

Orakeldeutung

Aufrecht – Morgan le Fay ist die Herrin des okkulten Wissens. Sie zeigt Weisheit und Macht an, das durch die Vereinigung von Theorie und Erfahrung gewonnen wird. Je nach den umgebenden Karten symbolisiert sie hohe Ziele, die mit Ehrgeiz verfolgt werden, oder aber skrupellose Intriganz.

Sie kann auch eine wirkliche Frau in Ihrem Leben darstellen: eine unabhängige Persönlichkeit, die erfolgsorientiert, leidenschaftlich und sinnlich ist, die nach Besitz und Genuss strebt, aber auch manipulativ und herrschsüchtig sein kann.

Umgekehrt – Wenn Morgan le Fay umgekehrt in Ihren Karten erscheint, so sind Sie in eine Situation geraten, die jenseits Ihrer Kontrolle liegt. Die Ereignisse werden von anderen Menschen organisiert, und vorläufig müssen Sie sich angepasst verhalten, bis sich eine Gelegenheit ergibt, Ihre eigenen Wünsche auszudrücken und Ihren Willen durchzusetzen.

Morgan le Fay kann, wenn sie umgekehrt auftaucht, eine wirkliche Frau in Ihrem Leben darstellen: Sie ist eitel und eigensüchtig, strebt nach Macht über andere und scheut vor nichts zurück, um es zu erlangen.

PAGE: PHOOKA

Die Karte

Die Karte zeigt ein merkwürdiges, behaartes Wesen mit einem Ziegenkopf.

Orakeldeutung

Aufrecht – Wenn der Phooka auftaucht, so ist dies ein Zeichen für kindisches Verhalten, mangelnde Reife und Selbstkontrolle sowie für Dreistigkeit und Schwierigkeiten im Umgang mit Autoritätspersonen.

Er kann auch eine wirkliche Person in Ihrem Leben darstellen: einen unzuverlässigen, beeinflussbaren, faulen jungen Mann, der zwar liebenswürdig sein kann, sich aber in Traumwelten flüchtet, leicht entmutigen lässt und möglicherweise auch ein Lügner ist.

Umgekehrt – Auch umgekehrt kann der Phooka eine wirkliche Person in Ihrem Leben anzeigen: einen jungen Mann, der hart und diszipliniert arbeitet. Er ist geduldig, nimmt jede Plackerei auf sich, ist aber nicht besonders schnell und geschickt. Er ist vertrauenswürdig, lässt sich nicht leicht provozieren; aber wenn er doch in Wut gerät, kann er ganz unversöhnlich sein.

Die umgekehrte Karte macht Sie auch darauf aufmerksam, dass Sie das verlieren könnten, was Sie schon haben, wenn Sie sich von wilden Flügen der Phantasie hinwegtragen lassen. Geduld und stetige Bemühung ist angesagt.

Königin: QUEEN OONAGH

Die Karte

Die Karte zeigt eine prachtvolle Fee mit langen, goldenen Haaren, die in ein silbern glitzerndes Kleid gehüllt ist. Sie steht im Licht der untergehenden Sonne vor einem Feenhügel.

Orakeldeutung

Aufrecht – Wenn Königin Oonagh in Ihren Karten erscheint, so heißt das, dass Sie praktische Fertigkeiten entwickeln, dass Sie Probleme lösen und Hilfe, guten Rat und Freundschaft finden.

Diese Karte kann auch eine wirkliche Frau in Ihrem Leben anzeigen, eine Frau, die klug und gewitzt, praktisch und hilfsbereit ist, und die über eine ganze Menge von gesundem Menschenverstand verfügt.

Umgekehrt – Wenn die Königin der Herbstkarten umgekehrt erscheint, so spricht das von überwältigenden Gefühlen, Stimmungsumschwüngen und emotionaler Instabilität; Sie überschätzen das Ausmaß Ihrer Probleme und weigern sich vielleicht auch, Lösungen ins Auge zu fassen.

Die umgekehrte Karte kann auch eine wirkliche Frau in Ihrem Leben anzeigen, die unzuverlässig, instabil, hysterisch und verrückt ist und Ihr Vertrauen nicht verdient.

König: King Finvarra

Die Karte

Die Karte zeigt einen gut aussehenden, menschlich gereiften Elfenkönig. In seinem prachtvollen Palast, der unter einem Feenhügel liegt, sitzt er vor einem Schachbrett.

Orakeldeutung

Aufrecht – Wenn der Elfenkönig Finvarra in Ihren Karten erscheint, so symbolisiert er Autorität und Autoritätspersonen. Es geht um Verwaltung, Gesetz, rechtliche Vereinbarungen, Verträge und Übereinkommen.

Diese Karte kann auch eine wirkliche Person in Ihrem Leben anzeigen: einen seelisch und sozial gereiften Mann, der sich mit gesellschaftlichen Anliegen und einzelnen Menschen befasst. Er ist sensibel, mitfühlend und emotional unterstützend.

Umgekehrt – Wenn diese Karte umgekehrt erscheint, so steht dies für selbstgefällige Sinnlichkeit, heimliche Liebesaffären und einen Mangel an Selbstkontrolle. Es geht um Egoismus; andere Menschen werden benutzt, ihre Bedürfnisse und Gefühle werden übergangen.

Die umgekehrte Karte kann auch eine wirkliche Person in Ihrem Leben anzeigen: einen stimmungsabhängigen, phlegmatischen Mann, der seine Lust skrupellos, vielleicht sogar gewalttätig auslebt und sich um keinerlei Abmachungen schert.

As: The Knocker

Die Karte

Man sieht das verfallene Maschinenhaus in einem stillgelegten Zinnbergwerk in Cornwall, um das ein Rabe kreist. Davor sieht man vier *Knockers* – kleine, dunkle Bergwichte oder Grubenzwerge, die normalerweise innerhalb der Mine leben. Sie tragen Lampen und Bergwerksgeräte und haben Hemden und Westen an.

Orakeldeutung

Aufrecht – Knockers und andere Grubenzwerge sind die Wächter der Reichtümer auf und unter der Erde, und deshalb bezieht sich diese Karte auf Ihren materiellen Reichtum. Wenn der Knocker in Ihrem Legemuster auftritt, so verspricht dies finanziellen Gewinn oder die Entstehung einer festen Grundlage in irgendeiner praktischen Angelegenheit.

Umgekehrt – Wenn die Knocker-Karte umgekehrt in Ihren Karten vorkommt, so verweist dies auf finanzielle Verluste, schlechte Investitionen, Geldsorgen oder Schwierigkeiten mit persönlichem Besitz. Die umgekehrte Position dieser Karte kann auch eine mangelhafte Haltung zum Geld bedeuten, was entweder zu Verschwendungssucht oder Geiz führen kann.

2 TROW

Die Karte

Ein vierschrötiger, missgestalteter Schrat, der von Kopf bis Fuß in Grau gekleidet ist, schlurft durch eine neblige Landschaft auf einer der Shetland-Inseln. An der unteren rechten Ecke der Karte sieht man drei goldene Münzen.

Orakeldeutung

Aufrecht – Wenn der Trow in Ihren Karten umherschleicht, so gibt es jemanden, der Ihr freundliches Wesen ausbeutet. Menschen, die sich selbst nicht anstrengen wollen, missbrauchen Ihre Großzügigkeit. Das kann sich auf Freunde oder Verwandte beziehen, die sich Ihnen aufdrängen, die von Ihnen alles Mögliche borgen, ohne die Leihgabe zurückzugeben; sie erwarten von Ihnen, dass Sie alles bezahlen und beanspruchen Ihre ganze kostbare Zeit und Aufmerksamkeit. Rücksichtslose Gäste bleiben länger, als sie willkommen sind, und missbrauchen Ihre Gastfreundschaft.

Umgekehrt – Wenn der Trow umgekehrt liegt, sagt er Ihnen, dass Sie sich um etwas kümmern und seinen echten Wert erkennen sollten; denn sonst könnten Sie es verlieren bzw. es könnte Ihnen geraubt werden. Ein interessantes Angebot oder ein Geschenk könnte zurückgenommen werden, wenn Sie darüber Klatsch verbreiten oder damit protzen.

3 BOGGART

Die Karte

Die Karte zeigt einen schrecklichen, behaarten Boggart, der nachts auf einem einsamen Feldweg einherschleicht. Er hat lange, spitze, gelbe Zähne und gelbe Augen. Der Mond ist als dünne Sichel im dunklen Himmel sichtbar.

Orakeldeutung

Aufrecht – Wenn der Boggart in Ihren Karten erscheint, so kündigt dies Schwierigkeiten oder Störungen im eigenen Heim an. Das können Familienstreitigkeiten, heftige Auseinandersetzungen, Zerrüttungen sein, an denen möglicherweise auch schwierige Kinder oder Jugendliche beteiligt sind.

Umgekehrt – Wenn der Boggart auf dem Kopf in Ihren Karten erscheint, so bedeutet das, dass Sie im Umgang mit anderen Menschen klug und taktvoll sein sollten, wenn Sie Ihr Ziel erreichen wollen. Ihre diplomatischen und taktischen Fähigkeiten werden bis aufs Äußerste geprüft werden.

4 GRIM

Die Karte

Diese Karte zeigt einen Elf, der ganz in Schwarz gekleidet ist und eine Kapuze über den Kopf gezogen hat. In den knochigen Händen hält er eine Sense. Wenn Sie genau hinschauen, sehen Sie, dass er eigentlich ein Skelett ist. Er wandert zwischen den Grabsteinen eines Friedhofs umher; Nebelschwaden steigen vom Boden auf und umgeben seine Füße.

Orakeldeutung

Aufrecht – Wenn Grim Reaper in Ihren Karten erscheint, so deutet dies auf eine tiefgreifende und unvermeidliche Veränderung hin. Nur selten ist damit der physische Tod gemeint. Wahrscheinlicher ist ein abruptes Ende eines Zustandes, das von einer vollständigen Transformation Ihrer Lebensweise gefolgt ist.

Umgekehrt – Wenn Fairy Grim umgekehrt in Ihren Karten erscheint, so verweist dies auf eine erzwungene oder verspätete Veränderung, der Sie sich widersetzen. Aber denken Sie daran: Alles muss sich bewegen und verwandeln, sonst kommt es zu Stagnation und Tod.

5 GEISTERHUND / BLACK SHUCK

Die Karte

Die Karte zeigt einen weißen Geisterhund mit roten Ohren. Dreht man sie um, so sieht man einen furchterregenden schwarzen Hund.

Orakeldeutung

Aufrecht: Geisterhund – Wenn der Geisterhund in Ihren Karten erscheint, so heißt das, dass es nun an der Zeit ist, den Preis für vergangene Handlungen zu bezahlen, ob sie nun gut oder böse gewesen sind. Jetzt werden Strafen ausgeführt, Entschädigungen bezahlt und Rechte durchgesetzt. Die Wahrheit kommt ans Tageslicht. Das kann sich auch auf reale Rechtsfälle beziehen.

Umgekehrt: Black Shuck – Wenn Black Shuck sich einfindet, so prophezeit er plötzliche und heftige Veränderungen, Schwierigkeiten, Umwälzungen, Konflikte. Beziehungen und Freundschaften können zerbrechen, Trennungen und Scheidungen sind möglich, vielleicht auch ein Umzug oder eine Veränderung des Arbeitsverhältnisses. Wenn die umgebenden Karten sehr ungünstig aspektiert sind, dann kündigt er unter Umständen unüberwindliche Schwierigkeiten, Unglücksfälle, Katastrophen, Verrat und Verlust an. Es kann zu Zwangslagen, Einschränkungen und Gefangenschaft kommen.

6 LHIANNAN SHEE

Die Karte

Die Karte zeigt eine liebliche Fee, die vor einem jungen Dichter erscheint, der mit dem Federkiel in der Hand auf Inspiration wartet.

Orakeldeutung

Aufrecht – Wenn die reizvolle Lhiannan Shee in Ihren Karten erscheint, so zeigt sie eine Beziehung an, die nur in der Phantasie existiert und wie eine Fata Morgana immer weiterverfolgt wird. Oft wird auch ein gutes, gediegenes Leben zugunsten eines unmöglichen Traumpartners oder einer ungeeigneten Person aufgegeben; oder es kommt zu Unruhe, Verwegenheit oder einer heimlichen Liebesaffäre.

Umgekehrt – Wenn Lhiannan Shee umgekehrt erscheint, so bedeutet dies eine Flucht in den Tagtraum, ein Phantasieleben, das die wirkliche Welt ignoriert;

Gelegenheiten werden verpasst; möglicherweise kommt es auch zu einer Abhängigkeit von Alkohol oder anderen Drogen.

7 FACHAN

Die Karte

Die Karte zeigt einen merkwürdigen Schrat mit roter Kappe und nur einem von normalerweise zwei Organen – also zum Beispiel einem Auge und einem Bein.

Orakeldeutung

Aufrecht – Wenn der einzelgängerische Fachan in Ihren Karten erscheint, so sollten Sie sich aus einer Situation heraushalten, um sie besser einschätzen zu können. Er warnt Sie vor überstürzten Handlungen. Hier geht es um einen zeitweiligen Rückzug von der Welt, um in der Isolation besser vorausschauen und planen zu können; nutzen Sie die Zeit zu Meditation und Erkenntnissen, die tief aus dem Inneren kommen.

Umgekehrt – Geschäftsbeziehungen, Partnerschaften und gemeinsame Unternehmungen durchlaufen eine Zeit harter Prüfungen. Möglicherweise sind Sie mit der Herangehensweise anderer Personen nicht einverstanden und müssen sich als Rufer in der Wüste profilieren, um Ihre Ansichten durchzusetzen. Sie fühlen sich auf allen Seiten von Negativität und Kritik umgeben. Aber Fachan rät, auf das zu hören, was andere sagen, denn vielleicht sind deren Ansichten ja richtig.

8 BOGEYMAN

Die Karte

Ein Bogeyman, rot und behaart und mit dämonischem Blick, grinst hinter einer Ritterrüstung in einem alten Schloss hervor und greift mit der Hand nach vorne.

Orakeldeutung

Aufrecht – Wenn der groteske Bogeyman in Ihren Karten erscheint, so hält er Ihnen vor Augen, dass Ihre Ängste unbegründet sind. Sie haben Ihren Sinn für Proportion verloren und machen sich überflüssigerweise Sorgen. Vielleicht sind Sie zur Zeit einfach ein wenig übersensibel.

Umgekehrt – Je nach Art der umgebenden Karten bedeutet der umgekehrte Bogeyman, dass Sie oder jemand, der Ihnen nahe steht, an einer geistigen Störung leidet. Dabei geht es um mehr als nur eine zeitweilige Irrationalität, vielmehr grenzt es schon an Paranoia, Depression oder tiefste Verzweiflung.

9 UNSEELIE COURT

Die Karte

Die Karte zeigt eine Gruppe von acht unheimlich dreinblickenden Geisterwesen. Drei von ihnen sehen wie Skelette aus, die in der Luft schweben. Zwei sind von Kapuzen verhüllt und halten lange Stäbe in der Hand; eine kleine unheimliche Gestalt mit spitzen Ohren greift nach vorne. Eine weibliche Fee schaut mit wissendem Blick auf den Betrachter.

Orakeldeutung

Aufrecht – Wenn der *Unseelie Court*, der „Hof der Unseligen", in Ihren Karten erscheint, so bedeutet dies, dass Ihre Lebensweise voll und ganz umgewälzt wird: Unerwartete Veränderungen treten ein, es kommt zu Ärger, Frustration, Wortbrüchen, Verletzungen, Gehässigkeiten, Bösartigkeiten und Eifersüchteleien. Auch neue Bündnisse können entstehen, aber meist sind sie nutzlos und unpassend.

Umgekehrt – Wenn der *Unseelie Court* umgekehrt erscheint, so zeigt das eine Tendenz zur Langeweile an; man sehnt sich nach Neuem, aber nur, weil es neu ist. Exzessive Genüsse währen nur einen Augenblick lang. Übersättigung und Unzufriedenheit stellen sich ein.

Dame: The Blue Hag

Die Karte

Die Karte zeigt eine alte Frau, deren runzliges Gesicht blau vor Kälte ist; sie trägt einen Umhang mit Kapuze in schäbigem Braun. Der Boden zu ihren Füßen ist ebenso von Schnee und Eis bedeckt wie die Berge im Hintergrund. Vor ihr sitzt eine Krähe auf dem Boden. Sie hält einen Stechapfel-Stab in der Hand, an dessen Spitze der Schädel einer Aaskrähe befestigt ist.

Orakeldeutung

Aufrecht – Wenn *Blue Hag* in Ihren Karten erscheint, so verweist sie auf das Auslaufen einer Phase, das Ende einer Periode; es geht um notwendige Veränderungen und das Ende eines Zyklus, bevor dann ein neuer beginnt. Die Karte kann auch eine wirkliche Person ankündigen: eine ältere Frau mit ungeheuer tiefen Emotionen unter einer ruhigen Oberfläche. Sie ist philosophisch ausgerichtet und erscheint abgeklärt. Aber wenn man sie verletzt, ist sie nicht bereit zu verzeihen.

Umgekehrt – Wenn *Blue Hag* umgekehrt in Ihren Karten erscheint, so bedeutet das, dass Sie noch immer sehr unter vergangenen Verletzungen leiden. Eine weitere Entwicklung ist nicht möglich, solange diese Traumata nicht aufgelöst sind.

Wenn sie umgekehrt erscheint, kann *Blue Hag* auch eine wirkliche Person in Ihrem Leben anzeigen: eine gereifte, ältere Frau, die mit ihrer Scharfzüngigkeit auch Ihre größten Bemühungen kritisiert und niemals zufrieden ist.

PAGE: JACK FROST

Die Karte

Die Karte zeigt einen glitzernden weißen Elf in einem Wirbel aus Schneeflocken und einem Teppich aus Raureif.

Orakeldeutung

Aufrecht – Wenn Jack Frost auftaucht, zeigt er plötzliche, unerwartete Veränderungen an. Es kann zu geringfügigen Rückschlägen, zeitweiligem Chaos, kleineren gesundheitlichen Störungen, Unfällen und Missgeschick kommen.

Diese Karte kann auch eine wirkliche Person in Ihrem Leben darstellen: einen jungen Mann mit starken Ansichten – nur dass diese sich von einem Tag auf den anderen verändern können. Er ist klug, aber unstet; charmant, aber schnell von Langeweile überwältigt. Er ist ein guter Unterhalter; aber verlassen sollten Sie sich nicht auf ihn, wenn es um etwas Wichtiges geht.

Umgekehrt – Wenn Jack Frost umgekehrt in Ihren Karten erscheint, so deutet er das Abkühlen von Zuneigungen und Leidenschaften an; man distanziert sich von einer Beziehung, entfernt sich unmerklich von Personen, die einem nahe standen und empfindet Kälte zu Menschen, die man zuvor liebte.

Auch umgekehrt kann Jack Frost eine wirkliche Person in Ihrem Leben anzeigen: einen jungen Mann, der vielleicht attraktiv, dennoch aber unzuverlässig ist. Er ist durchtrieben und versteht es, geschickt zu lügen.

Königin: Mab

Die Karte

Die Karte zeigt eine kostbar aussehende Fee, die in ein Kleid aus gefallenen Blättern gehüllt ist. Sie schwebt in einem Winterwald über dem Boden, getragen von ihren zart gewebten Schwingen. Ihr Gesicht ist jugendlich und wohlgeformt, und ihr Körper schimmert im Feenglanz.

Orakeldeutung

Aufrecht – Königin Mab erscheint in den Karten, um noch unerfüllte Träume, Wünsche und Sehnsüchte zu erfüllen. Und sie schenkt auch neue Ideen, Einsichten, Inspiration und schöpferische Fruchtbarkeit, die bei der

Verwirklichung von Träumen helfen. Wagen Sie es zu träumen und wagen Sie es, den Traum zu leben. Lassen Sie sich nicht durch andere von dem abbringen, was Sie sich wirklich wünschen.

Königin Mab kann auch eine wirkliche Frau in Ihrem Leben andeuten: Sie ist träumerisch, künstlerisch, feminin und nachdenklich. Ihre Freundlichkeit hat allerdings etwas Abwartendes. Wenn Sie eine Beziehung zu ihr wünschen, so werden Sie sich aktiv darum bemühen müssen.

Umgekehrt – Wenn Königin Mab umgekehrt erscheint, so geht es um Dürre, Unfruchtbarkeit, Sterilität, Zynismus und schöpferische Blockaden. Unter Umständen deutet die umgekehrte Karte auch eine unerwünschte Schwangerschaft an.

Wenn Königin Mab umgekehrt erscheint, so kann sie auch auf eine wirkliche Person in Ihrem Leben verweisen: eine unerfüllte, bittere Frau, die entschlossen ist, andere für ihr eigenes Unglück büßen zu lassen.

König: GWYN AP NUDD

Die Karte

Diese Karte zeigt die dunkle Gestalt des walisischen Königs der Unterwelt mit seinem Krafttier, der Eule.

Im Hintergrund sieht man den Glastonbury Tor, den „Hügel von Glastonbury".

Orakeldeutung

Aufrecht – Wenn Gwyn ap Nudd, der König der Unterwelt, in Ihren Karten erscheint, so spricht er von tief vergrabenen Geheimnissen, von verborgenen Dingen, versteckten Ängsten, unterdrückten Gefühlen, von Einschränkungen, die man sich selbst auferlegt, sowie einer Bindung an die Vergangenheit. Aus Ihrem Unterbewussten kann etwas Ungelöstes an die Oberfläche kommen und auf die Gegenwart einwirken.

Gwyn ap Nudd kann auch eine wirkliche Person in Ihrem Leben darstellen: einen gereiften, älteren Mann, der über einen gewissen Einfluss verfügt. Er ist sehr nüchtern und ernsthaft, intellektuell und denkerisch veranlagt, aber unpersönlich und abgeklärt.

Umgekehrt – Wenn Gwyn ap Nudd umgekehrt in Ihren Karten erscheint, so zeigt er Machtmissbrauch, seelische Abhängigkeit, Vergewaltigung, Verletzung, Beleidigung und Vertrauensbruch an. Hier kann es auch um eine Entweihung von spirituellen Mysterien gehen, um den Verrat am Heiligen zugunsten von persönlichem Gewinn.

Die umgekehrte Karte kann auch eine wirkliche Person in Ihrem Leben darstellen: jemand, der Sie beherrschen und über Sie verfügen will, der Ihr Vertrauen missbraucht.

Die Karten der Feenfeste

Wie Sie die Karten der Feenfeste verwenden

Die vier Feuer-Feste der Kelten sowie die Sonnwenden und Tag-und-Nacht-Gleichen, die von den Heiden früherer Zeiten gefeiert wurden, sind auch am engsten mit den Feen und Elfen verbunden. Vielleicht können wir in den Sagen über die Elfen und ihre Aktivitäten die Überreste der alten Götter- und Göttinnen-Religion erkennen. Es ist schwer, eine Trennlinie zu ziehen und zu sagen, wo die alten animistischen Naturgeister aufhören und wo die Götter und Göttinnen anfangen.

Die acht Karten der Feenfeste verkörpern kraftvolle Energien, die in den Lebenszyklus von Ratsuchenden eintreten oder ihn gerade verlassen. In jeder Sitzung sollten sie ganz besonders stark gewichtet werden.

Die Karten der vier Jahresfeste Ostara, Mittsommernacht, Herfest und Jul (also der beiden Sonnwenden und der beiden Tag-und-Nacht-Gleichen) zeigen magische Feeninseln, während die vier ländlichen Karten (Imbolc, Beltane, Lughnasa und Samhain) mit Feenhügeln dargestellt sind. Jede der acht Karten präsentiert einige Feen, die mit der jeweiligen Jahreszeit zu tun haben.

IMBOLC

Die Karte

Die Karte stellt einen Feenhügel zu Beginn des Monats Februar dar. Die Bäume sind noch überzogen mit weißem Reif, und auf der Erde liegt noch Schnee. Geflügelte Feen blicken von den Bäumen hernieder, und vorne im Bild kehrt eine alte Hexenfee mit einem Besen den Boden. Aus dem Feenhügel lösen sich ätherische Geister in weißen Lichtspiralen. Der Mond steht als dünne Sichel am Himmel.

Orakeldeutung

Aufrecht – Wenn die Imbolc-Karte in einem Legemuster erscheint, so zeigt sie, dass mächtige Energien am Aufkeimen sind; Reinigung, Frische, Ursprünglichkeit und Neubeginn kündigen sich an.

Umgekehrt – Wenn die Karte umgekehrt liegt, so ist das ein Hinweis auf Stagnation, Pattsituationen, Fortschrittshemmung, Langeweile, Verfall und Depression.

OSTARA

Die Karte

Diese Karte zeigt eine geheimnisvolle Feeninsel. Solche übernatürlichen Inseln können in einem Augenblick auftauchen und im nächsten schon wieder verschwinden. Meist sieht man sie kein zweites Mal am selben Ort, und nur einigen wenigen glücklichen Menschen war es vergönnt, sie zu besuchen. Es ist Frühjahr zur Zeit der Tag-und-Nacht-Gleiche, die man auch *Ostara* oder Ostern nennt. Nun verlassen viele Elfen und Feen ihr Winterversteck. Einige von ihnen kann man auf der Karte entdecken – wie etwa den furchteinflößenden Woodwose oder die hübsche, geflügelte Fee ganz vorne im Bild. Neben ihr zieren früh erblühte Osterglocken das Gras.

Orakeldeutung

Aufrecht – Wenn die Ostara-Festkarte in einem Legemuster erscheint, so kündigt sie das Aufkeimen von Kreativität an – ein Werden und Entstehen, ein Hereinströmen von Energie und neuen Ideen. Vielseitigkeit, Gewandtheit, Idealismus und Individualität entwickeln sich. Eine Idee oder Situation beginnt sich zu kristallisieren und Gestalt anzunehmen.

Umgekehrt – Die umgekehrte Karte spricht von Unruhe, vergeudeter Energie, vorschnellen Handlungen, Ungeduld, Oberflächlichkeit, Entschlusslosigkeit, Gedankenlosigkeit und Widersprüchlichkeit.

BELTANE

Die Karte

Diese Karte zeigt einen Feenhügel in der Walpurgisnacht; er ist von feiernden Feen und Elfen umgeben, die kleine Laternen halten. Über dem Hügel steht ein großer Vollmond, gegen dessen Licht sich die Gestalt der Feenkönigin abzeichnet. Sie steht auf dem Hügel und hält einen goldenen Kelch. Im Vordergrund sieht man einen kleinen grünhäutigen Elf mit spitzen Tierohren.

Orakeldeutung

Aufrecht – Wenn die Beltane-Karte in einer Séance auftaucht, so kündigt sie die Entwicklung starker Kräfte an – Aufblühen, Wachstum, Glück, Liebe, Ehe, neue Beziehungen, Lebenskraft, Energie und Fruchtbarkeit stellen sich ein.

Umgekehrt – Liegt die Karte umgekehrt, so bedeutet sie Schwäche, Impotenz, Krankheit, Zerfall und Auflösung.

MITTSOMMERNACHT

Die Karte

Diese Karte zeigt eine helle Mittsommernacht – eine Zeit, in der Feen und Elfen oft das Reich der Menschen besuchen. Einige von ihnen sehen wir auf dem Bild, darunter Aine und Robin Goodfellow. Ein Elfen-Barde steuert die Musik für ihr Festgelage bei. Im Hintergrund scheint sich die Feeninsel dem Ufer genähert zu haben; denn dies ist einer der magischen Tage, in denen auch Menschen der Zutritt möglich ist.

Orakeldeutung

Aufrecht – Die Mittsommernachtskarte bringt uns fröhliche Energie in der Magie, Verzauberung, Selbstverwirklichung, Vollendung, Feierlichkeit, Freude, Vergnügen, Licht, Erleuchtung und Klarheit.

Umgekehrt – Die umgekehrte Mittsommernachtskarte spricht von Überempfindlichkeit, unklarem Denken, Einsamkeit, Ausschluss, einem Mangel an Kommunikation, Niedergeschlagenheit und Unglück.

LUGHNASA

Die Karte

Diese Karte zeigt einen Feenhügel vor einem bewegten Sonnenuntergang in Rot und Gold. Im Hintergrund sieht man ein Feld kurz vor der Ernte, und vorne im Bild stehen Kornähren und Kamillenblüten. Eine junge Fee, die in Grün gekleidet ist, lehnt sich gegen einen Baum. Sie trägt eine Kopfbedeckung, die aus Blüten gefertigt ist. In den Bäumen hängen *spriggans* und Elfen mit Tierohren und halten Laternen in der Hand.

Orakeldeutung

Aufrecht – Wenn die Lughnasa-Festkarte auftaucht, so heißt das, dass Sie allmählich den Lohn für Ihre Bemühungen ernten; allerdings ist noch mehr Arbeit vonnöten, um ein Projekt bis zur letzten Vollendung zu bringen. Diese Karte zeigt manchmal auch an, dass sich eine Tür schließt und gleichzeitig eine andere öffnet.

Umgekehrt – Wenn die Lughnasa-Karte umgekehrt erscheint, so steht dies für Undankbarkeit, fruchtlose Bemühungen und einen Mangel an Anerkennung.

HERFEST

Die Karte

Diese Karte zeigt eine Gruppe von Feen zur Zeit der Tag-und-Nacht-Gleiche im Herbst, die man auch *Herfest* („Ernte") nennt. Das Getreide ist erntereif; im Vordergrund steht eine Mohn-Fee mit Blumen im Haar. Ein Elf, der als Jäger mit Pfeil und Bogen ausgerüstet ist, lauert seiner Beute auf, und im Hintergrund sieht man die Feeninsel, die in Nebel gehüllt ist.

Orakeldeutung

Aufrecht – Die Herfest-Karte steht für Genuss, Vollendung, Ernte, Belohnung, Anerkennung, Überfluss und Erfolg durch harte Arbeit.

Umgekehrt – In umgekehrter Stellung zeigt diese Karte Armut, Mangel, Verlust, Versagen, verlustreiche Spekulationen, finanzielle Probleme und Bankrott an.

SAMHAIN

Die Karte

Diese Karte zeigt einen Feenhügel bei Nacht; der Sichelmond leuchtet am Himmel. Licht strömt aus dem Hügel hervor, denn in dieser Nacht öffnet er sich, sodass auch Menschen Einlass finden können. An den

Bäumen hängen Kürbisse, in denen Lichter brennen. Aber auch Skelette sitzen auf den Ästen, und Fledermäuse fliegen über den Himmel. Ganz vorne sieht man Fliegenpilze und zwei in Rot gekleidete Feen, von denen eine geflügelt ist.

Orakeldeutung

Aufrecht – Die Samhain-Karte zeigt an, dass starke Kräfte zugange sind, die das Ende eines Zyklus bewirken. Es kommt zu unumkehrbaren Transformationen, zu Auflösung und Liquidation. Sie kann auch Kontakt mit den Ahnen, mit der Herkunftsfamilie oder sonstigen Clan- oder Stammesbeziehungen ankündigen. Ferner symbolisiert sie Hellsichtigkeit und Medialität.

Umgekehrt – In umgekehrter Position zeigt die Samhain-Karte Unbeweglichkeit, Erschlaffung, Fesselung und Missbilligung an.

JUL

Die Karte

Die Karte zeigt einige der zahlreichen Feenwesen, die mit dem Julfest, der Wintersonnenwende, assoziiert werden, darunter Father Christmas und einen seiner Elfen sowie Jack Frost, der das Wasser zum Gefrieren bringt. Im Hintergrund schwebt die Feeninsel dunkel und geheimnisvoll im Wasser.

Orakeldeutung

Aufrecht – Wenn die Jul-Karte erscheint, so ist dies eine Ankündigung von neuen Kraftquellen. Es kommt zur Wiederherstellung von Gesundheit und Lebenskraft, zu Neubeginn und Wiedergeburt, neuen Offenbarungen, zu Klarheit und Bewusstseinsveränderung.

Umgekehrt – In umgekehrter Position bedeutet diese Karte Trägheit, Angst vor Veränderung, Widerstand gegen Fortschritt, Unwissenheit und Heuchelei.

Dame

White Lady

6

Garconer

Königin

Mab

Samhain

Feenfeste

Mittsommernacht

Feenfeste

Beltane

Jul

FEENFESTE

LUGHNASA

Feenfeste

Ostara

Feenfeste

Herfest

2

Wayland der Schmied

König

The Oakman

8

Boabhan Sith

3

Boggart

König

THE WOODWOSE

4

Béfind

4

Banshee

9

Unseelie Court

Page

Robin Goodfellow

4

Grim

7

Fachan

Lhiannan Shee

König

Gwyn Ap Nudd

Brownie

Bogeyman

Königin

The Sea Mither

8

Tam Lin

2

Spriggan

SELKIE

Pixie

Page

Tiddy Mun

Will o'the Wisp

7

Asrai

7

The Lake Maiden

Page

Phooka

As

Ariel

Jenny Greenteeth

Geisterhund / Black Shuck

As

Der Feuerspeiende Drache

Gruagach

Dame

The Blue Hag

Dame

Morgan le Fay

As

Meerjungfrau

Cro Sith / Taroo Ushty

Billy Winker

Geisterpferd / Kelpie

König

King Finvarra

As

The Knocker

Königin

Queen Oonagh

FEENHIRSCH / EINHORN

Dame

The Green Lady

3

WECHSELBALG

Königin

The Elder Queen

4

Habetrot

2

TROW

2

Leprechaun

6

Aine

6

Tryamour

Page

Jack Frost

Feenfeste

Imbolc